THÉOPHILE GAUTIER

# POÉSIES

## COMPLÈTES

TOME SECOND

PARIS

G. CHARPENTIER ET C$^{ie}$, ÉDITEURS
11, RUE DE GRENELLE, 11

1890

# POÉSIES COMPLÈTES

DE

THÉOPHILE GAUTIER

II

# OUVRAGES DU MÊME AUTEUR

## PUBLIÉS DANS LA BIBLIOTHÈQUE-CHARPENTIER

### à 3 fr. 50 chaque volume

| | |
|---|---|
| Poésies complètes................................ | 2 vol. |
| Émaux et Camées. Édition définitive, ornée d'un Portrait à l'eau-forte par *J. Jacquemart*........... | 1 vol. |
| Mademoiselle de Maupin......................... | 1 vol. |
| Le Capitaine Fracasse............................ | 2 vol. |
| Le Roman de la Momie........................... | 1 vol. |
| Spirite, nouvelle fantastique..................... | 1 vol. |
| Voyage en Italie. (Nouvelle édition)............. | 1 vol. |
| Voyage en Espagne (Tra los montes)............. | 1 vol. |
| Voyage en Russie................................. | 1 vol. |
| Romans et Contes (Avatar. — Jettatura, etc.)..... | 1 vol. |
| Nouvelles (La Morte amoureuse. — Fortunio, etc.. | 1 vol. |
| Tableaux de Siège. — (Paris, 1870-1871)......... | 1 vol. |
| Théatre (Mystère, Comédies et Ballets)........... | 1 vol. |
| Les Jeunes-France, suivis de *Contes humouristiques*.... | 1 vol. |
| Histoire du Romantisme, suivie de Notices romantiques et d'une Étude sur les Progrès de la Poésie française (1830-1868)........................ | 1 vol. |
| Portraits contemporains (littérateurs, peintres, sculpteurs, artistes dramatiques), avec un portrait de Th. Gautier, d'après une gravure à l'eau-forte par lui-même, vers 1833. | 1 vol. |
| L'Orient......................................... | 2 vol. |

---

| | |
|---|---|
| Le Capitaine Fracasse, illustré de 60 dessins par *G. Doré*, gravés sur bois par les premiers artistes. 1 vol. grand in-18.. | 24 fr. |

LA

# COMÉDIE DE LA MORT

— 1838 —

# LA COMÉDIE DE LA MORT

## PORTAIL

Ne trouve pas étrange, homme du monde, artiste,
Qui que tu sois, de voir par un portail si triste
S'ouvrir fatalement ce volume nouveau.

Hélas! tout monument qui dresse au ciel son faîte,
Enfonce autant les pieds qu'il élève la tête.
Avant de s'élancer tout clocher est caveau :

En bas, l'oiseau de nuit, l'ombre humide des tombes;
En haut, l'or du soleil, la neige des colombes,
Des cloches et des chants sur chaque soliveau;

En haut, les minarets et les rosaces frêles,
Où les petits oiseaux s'enchevêtrent les ailes,
Les anges accoudés portant des écussons ;

L'acanthe et le lotus ouvrant sa fleur de pierre
Comme un lys séraphique au jardin de lumière;
En bas, l'arc surbaissé, les lourds piliers saxons;

Les chevaliers couchés de leur long, les mains jointes,
Le regard sur la voûte et les deux pieds en pointes;
L'eau qui suinte et tombe avec de sourds frissons.

Mon œuvre est ainsi faite, et sa première assise
N'est qu'une dalle étroite et d'une teinte grise
Avec des mots sculptés que la mousse remplit.

Dieu fasse qu'en passant sur cette pauvre pierre,
Les pieds des pèlerins n'effacent pas entière
Cette humble inscription et ce nom qu'on y lit.

Pâles ombres des morts, j'ai pour vos promenades,
Filé patiemment la pierre en colonnades;
Dans mon Campo-Santo je vous ai fait un lit!

Vous avez près de vous, pour compagnon fidèle,
Un ange qui vous fait un rideau de son aile,
Un oreiller de marbre et des robes de plomb.

Dans le jaspe menteur de vos tombes royales,
On voit s'entre-baiser les sœurs théologales
Avec leur auréole et leur vêtement long.

De beaux enfants tout nus, baissant leur torche éteinte,
Poussent autour de vous leur éternelle plainte;
Un lévrier sculpté vous lèche le talon.

L'arabesque fantasque, après les colonnettes,
Enlace ses rameaux et suspend ses clochettes
Comme après l'espalier fait une vigne en fleur.

Aux reflets des vitraux la tombe réjouie,
Sous cette floraison toujours épanouie,
D'un air doux et charmant sourit à la douleur.

La mort fait la coquette et prend un ton de reine,
Et son front seulement sous ses cheveux d'ébène,
Comme un charme de plus garde un peu de pâleur.

Les émaux les plus vifs scintillent sur les armes,
L'albâtre s'attendrit et fond en blanches larmes;
Le bronze semble avoir perdu sa dureté.

Dans leurs lits les époux sont arrangés par couples,
Leurs têtes font ployer les coussins doux et souples,
Et leur beauté fleurit dans le marbre sculpté.

Ce ne sont que festons, dentelles et couronnes,
Trèfles et pendentifs et groupes de colonnes
Où rit la fantaisie en toute liberté.

Aussi bien qu'un tombeau, c'est un lit de parade,
C'est un trône, un autel, un buffet, une estrade;
C'est tout ce que l'on veut selon ce qu'on y voit.

Mais pourtant si, poussé de quelque vain caprice,
Dans la nef, vers minuit, par la lune propice,
Vous alliez soulever le couvercle du doigt,

Toujours vous trouveriez, sous cette architecture,
Au milieu de la fange et de la pourriture,
Dans le suaire usé le cadavre tout droit,

Hideusement verdi, sans rayon de lumière,
Sans flamme intérieure illuminant la bière,
Ainsi que l'on en voit dans les Christs aux tombeaux.

1.

Entre ses maigres bras, comme une tendre épouse,
La mort les tient serrés sur sa couche jalouse
Et ne lâcherait pas un seul de leurs lambeaux.

A peine, au dernier jour, lèveront-ils la tête
Quand les cieux trembleront au cri de la trompette,
Et qu'un vent inconnu soufflera les flambeaux.

Après le jugement, l'ange, en faisant sa ronde,
Retrouvera leurs os sur les débris du monde;
Car aucun de ceux-là ne doit ressusciter.

Le Christ lui-même irait, comme il fit au Lazare,
Leur dire : Levez-vous! que le sépulcre avare
Ne s'entr'ouvrirait pas pour les laisser monter.

Mes vers sont les tombeaux tout brodés de sculptures;
Ils cachent un cadavre, et sous leurs fioritures
Ils pleurent bien souvent en paraissant chanter.

Chacun est le cercueil d'une illusion morte;
J'enterre là les corps que la houle m'apporte
Quand un de mes vaisseaux a sombré dans la mer;

Beaux rêves avortés, ambitions déçues,
Souterraines ardeurs, passions sans issues,
Tout ce que l'existence a d'intime et d'amer.

L'Océan tous les jours me dévore un navire;
Un récif, près du bord, de sa pointe déchire
Leurs flancs doublés de cuivre et leur quille de fer.

Combien j'en ai lancé plein d'ivresse et de joie,
Si beaux et si coquets sous leurs flammes de soie,
Que jamais dans le port mes yeux ne reverront!

Quels passagers charmants, têtes fraîches et rondes,
Désirs aux seins gonflés, espoirs, chimères blondes!
Que d'enfants de mon cœur entassés sur le pont!

Le flot a tout couvert de son linceul verdâtre,
Et les rougeurs de rose, et les pâleurs d'albâtre,
Et l'étoile et la fleur éclose à chaque front.

Le flux jette à la côte entre le corps du phoque,
Et les débris de mâts que la vague entre-choque,
Mes rêves naufragés tout gonflés et tout verts;

Pour ces chercheurs d'un monde étrange et magnifique,
Colombs qui n'ont pas su trouver leur Amérique,
En funèbres caveaux creusez-vous, ô mes vers!

Puis montez hardiment comme les cathédrales,
Allongez-vous en tours, tordez-vous en spirales,
Enfoncez vos pignons au cœur des cieux ouverts.

Vous, oiseaux de l'amour et de la fantaisie,
Sonnets, ô blancs ramiers du ciel de poésie,
Posez votre pied rose au toit de mon clocher.

Messagères d'avril, petites hirondelles,
Ne fouettez pas ainsi les vitres à coups d'ailes,
J'ai dans mes bas-reliefs des trous où vous nicher;

Mes vierges vous prendront dans un pli de leur robe,
L'empereur tout exprès laissera choir son globe,
Le lotus ouvrira son cœur pour vous cacher.

J'ai brodé mes réseaux des dessins les plus riches,
Évidé mes piliers, mis des saints dans mes niches,
Posé mon buffet d'orgue et peint ma voûte en bleu.

J'ai prié saint Éloi de me faire un calice :
Le roi mage Gaspard, pour le saint sacrifice,
M'a donné le cinname et le charbon de feu.

Le peuple est à genoux, le chapelain s'affuble
Du brocart radieux de la lourde chasuble ;
L'église est toute prête ; y viendrez-vous, mon Dieu ?

## LA VIE DANS LA MORT

### I

C'était le jour des Morts : une froide bruine
Au bord du ciel rayé, comme une trame fine,
      Tendait ses filets gris ;
Un vent de nord sifflait ; quelques feuilles rouillées
Quittaient en frissonnant les cimes dépouillées
      Des ormes rabougris ;

Et chacun s'en allait dans le grand cimetière,
Morne, s'agenouiller sur le coin de la pierre
      Qui recouvre les siens,
Prier Dieu pour leur âme, et, par des fleurs nouvelles,
Remplacer en pleurant les pâles immortelles
      Et les bouquets anciens.

Moi, qui ne connais pas cette douleur amère,
D'avoir couché là-bas ou mon père ou ma mère
      Sous les gazons flétris,
Je marchais au hasard, examinant les marbres,
Ou, par une échappée, entre les branches d'arbres,
      Les dômes de Paris ;

Et comme je voyais bien des croix sans couronne,
Bien des fosses dont l'herbe était haute, où personne
        Pour prier ne venait,
Une pitié me prit, une pitié profonde
De ces pauvres tombeaux délaissés, dont au monde
        Nul ne se souvenait.


Pas un seul brin de mousse à tous ces mausolées,
Cependant, et des noms de veuves désolées,
        D'époux désespérés,
Sans qu'un gramen voilât leurs majuscules noires,
Étalaient hardiment leurs mensonges notoires
        A tous les yeux livrés.


Ce spectacle me fit sourdre au cœur une idée
Dont j'ai, depuis ce temps, toujours l'âme obsédée.
        Si c'était vrai, les morts
Tordraient leurs bras noueux de rage dans leur bière
Et feraient pour lever leurs couvercles de pierre
        D'incroyables efforts!


Peut-être le tombeau n'est-il pas un asile
Où, sur son chevet dur, on puisse enfin tranquille
        Dormir l'éternité,
Dans un oubli profond de toute chose humaine,
Sans aucun sentiment de plaisir ou de peine
        D'être ou d'avoir été.


Peut-être n'a-t-on pas sommeil; et quand la pluie
Filtre jusques à vous, l'on a froid, l'on s'ennuie
        Dans sa fosse tout seul.
Oh! que l'on doit rêver tristement dans ce gîte
Où pas un mouvement, pas une onde n'agite
        Les plis droits du linceul!

Peut-être aux passions qui nous brûlaient, émue,
La cendre de nos cœurs vibre encore et remue
  Par delà le tombeau,
Et qu'un ressouvenir de ce monde dans l'autre,
D'une vie autrefois enlacée à la nôtre,
  Traîne quelque lambeau.

Ces morts abandonnés sans doute avaient des femmes,
Quelque chose de cher et d'intime ; des âmes
  Pour y verser la leur :
S'ils étaient éveillés au fond de cette tombe,
Où jamais une larme avec des fleurs ne tombe,
  Quelle affreuse douleur !

Sentir qu'on a passé sans laisser plus de marque
Qu'au dos de l'Océan le sillon d'une barque,
  Que l'on est mort pour tous ;
Voir que vos mieux aimés si vite vous oublient,
Et qu'un saule pleureur aux longs bras qui se plient
  Seul se plaigne sur vous.

Au moins, si l'on pouvait, quand la lune blafarde,
Ouvrant ses yeux sereins aux cils d'argent, regarde
  Et jette un reflet bleu
Autour du cimetière, entre les tombes blanches,
Avec le feu follet dans l'herbe et sous les branches,
  Se promener un peu !

S'en revenir chez soi, dans la maison, théâtre
De sa première vie, et frileux, près de l'âtre,
  S'asseoir dans son fauteuil,
Feuilleter ses bouquins et fouiller son pupitre
Jusqu'au moment où l'aube, illuminant la vitre,
  Vous renvoie au cercueil !

Mais non ; il faut rester sur son lit mortuaire,
N'ayant pour se couvrir que le lin du suaire,
   N'entendant aucun bruit,
Sinon le bruit du ver qui se traine et chemine
Du côté de sa proie, ouvrant sa sourde mine,
   Ne voyant que la nuit.

Puis, s'ils étaient jaloux, les morts, tout ce que Dante
A placé de tourments dans sa spirale ardente,
   Près des leurs seraient doux.
Amants, vous qui savez ce qu'est la jalousie,
Ce qu'on souffre de maux à cette frénésie :
   Un cadavre jaloux !

Impuissance et fureur ! Être là, dans sa fosse,
Quand celle qu'on aimait de tout son amour, fausse
   Aux beaux serments jurés,
En se raillant de vous, dans d'autres bras répète
Ce qu'elle vous disait, rouge et penchant la tête,
   - Avec des mots sacrés ;

Et ne pouvoir venir, quelque nuit de décembre,
Pendant qu'elle est au bal, se tapir dans sa chambre,
   Et lorsque, de retour,
Rieuse, elle défait au miroir sa toilette,
Dans un cristal profond réfléchir son squelette
   Et sa poitrine à jour,

Riant affreusement d'un rire sans gencive,
Marbrer de baisers froids sa gorge convulsive,
   Et, tenaillant sa main,
Sa main blanche et rosée avec sa main osseuse,
Faire râler ces mots d'une voix caverneuse
   Qui n'a plus rien d'humain :

« Femme, vous m'avez fait des promesses sans nombre,
Si vous oubliez, vous, dans ma demeure sombre,
   Moi, je me ressouviens.
Vous avez dit, à l'heure où la mort me vint prendre,
Que vous me suivriez bientôt ; lassé d'attendre,
   Pour vous chercher je viens ! »


Dans un repli de moi, cette pensée étrange
Est là comme un cancer qui m'use et qui me mange,
   Mon œil en devient creux ;
Sur mon front nuager de nouveaux plis se fouillent
De cheveux et de chair mes tempes se dépouillent,
   Car ce serait affreux !


La mort ne serait plus le remède suprême ;
L'homme, contre le sort, dans la tombe elle-même
   N'aurait pas de recours,
Et l'on ne pourrait plus se consoler de vivre,
Par l'espoir tant fêté du calme qui doit suivre
   L'orage de nos jours.


## II


Dans le fond de mon âme agitant ma pensée,
Je restais là rêveur et la tête baissée
   Debout contre un tombeau.
C'était un marbre neuf, et, sur la blanche épaule
D'un génie éploré, les longs cheveux d'un saule
   Tombaient comme un manteau.

La bise feuille à feuille emportait la couronne
Dont les débris jonchaient le fût de la colonne;
    On aurait dit les pleurs
Que sur la jeune fille, au printemps moissonnée,
Pauvre fleur du matin, ayant midi fanée,
    Versaient les autres fleurs.

La lune entre les ifs faisait luire sa corne;
De grands nuages noirs couraient sur le ciel morne
    Et passaient par devant;
Les feux follets valsaient autour du cimetière,
Et le saule pleureur secouait sa crinière
    Éparpillée au vent.

On entendait des bruits venus de l'autre monde,
Des soupirs de terreur et d'angoisse profonde,
    Des voix qui demandaient
Quand donc à leurs tombeaux l'on mettrait des fleurs neuves
Comment allait la terre, et pourquoi donc leurs veuves
    Aussi longtemps tardaient?

Tout à coup... j'ose à peine en croire mon oreille,
Sous le marbre entr'ouvert, ô terreur! ô merveille!
    J'entendis qu'on parlait.
C'était un dialogue, et, du fond de la fosse,
A la première voix, une voix aigre et fausse
    Par instant se mêlait.

Le froid me prit. Mes dents d'épouvante claquèrent;
Mes genoux chancelants sous moi s'entre-choquèrent;
    Je compris que le ver
Consommait son hymen avec la trépassée,
Éveillée en sursaut dans sa couche glacée,
    Par cette nuit d'hiver.

## LA TRÉPASSÉE.

Est-ce une illusion? Cette nuit tant rêvée,
La nuit du mariage, elle est donc arrivée?
   C'est le lit nuptial.
Voici l'heure où l'époux, jeune et parfumé, cueille
La beauté de l'épouse, et sur son front effeuille
   L'oranger virginal.

## LE VER.

Cette nuit sera longue, ô blanche trépassée!
Avec moi, pour toujours, la mort t'a fiancée;
   Ton lit, c'est le tombeau.
Voici l'heure où le chien contre la lune aboie,
Où le pâle vampire erre et cherche sa proie,
   Où descend le corbeau.

## LA TRÉPASSÉE.

Mon bien-aimé, viens donc! l'heure est déjà passée.
Oh! tiens-moi sur ton cœur, entre tes bras pressée.
   J'ai bien peur, j'ai bien froid.
Réchauffe à tes baisers ma bouche qui se glace.
Oh! viens, je tâcherai de te faire une place,
   Car le lit est étroit!

## LE VER.

Cinq pieds de long sur deux de large. La mesure
Est prise exactement; cette couche est trop dure:
   L'époux ne viendra pas.
Il n'entend pas tes cris. Il rit dans quelque fête.
Allons, sur ton chevet repose en paix ta tête
   Et recroise tes bras.

### LA TRÉPASSÉE.

Quel est donc ce baiser humide et sans haleine?
Cette bouche sans lèvre, est-ce une bouche humaine,
    Est-ce un baiser vivant?
O prodige! A ma droite, à ma gauche, personne.
Mes os craquent d'horreur, toute ma chair frissonne
    Comme un tremble au grand vent.

### LE VER.

Ce baiser, c'est le mien : je suis le ver de terre;
Je viens pour accomplir le solennel mystère.
    J'entre en possession.
Me voilà ton époux, je te serai fidèle.
Le hibou tout joyeux fouettant l'air de son aile
    Chante notre union.

### LA TRÉPASSÉE.

Oh! si quelqu'un passait auprès du cimetière!
J'ai beau heurter du front les planches de ma bière,
    Le couvercle est trop lourd!
Le fossoyeur dort mieux que les morts qu'il enterre
Quel silence profond! la route est solitaire:
    L'écho lui-même est sourd;

### LE VER.

A moi tes bras d'ivoire, à moi ta gorge blanche,
A moi tes flancs polis avec ta belle hanche
    A l'ondoyant contour;
A moi tes petits pieds, ta main douce et ta bouche,
Et ce premier baiser que ta pudeur farouche
    Refusait à l'amour.

### LA TRÉPASSÉE.

C'en est fait! c'en est fait! Il est là! sa morsure
M'ouvre au flanc une large et profonde blessure;
   Il me ronge le cœur.
Quelle torture! O Dieu, quelle angoisse cruelle!
Mais que faites-vous donc lorsque je vous appelle,
   O ma mère, ô ma sœur?

### LE VER.

Dans leur âme déjà ta mémoire est fanée,
Et pourtant sur ta fosse, ô pauvre abandonnée,
   L'oranger est tout frais.
La tenture funèbre à peine repliée,
Comme un songe d'hier elles t'ont oubliée,
   Oubliée à jamais.

### LA TRÉPASSÉE.

L'herbe pousse plus vite au cœur que sur la fosse;
Une pierre, une croix, le terrain qui se hausse,
   Disent qu'un mort est là.
Mais quelle croix fait voir une tombe dans l'âme?
Oubli! seconde mort, néant que je réclame,
   Arrivez, me voilà!

### LE VER.

Console-toi. — La mort donne la vie. — Éclose
A l'ombre d'une croix, l'églantine est plus rose
   Et le gazon plus vert.
La racine des fleurs plongera sous les côtes;
A la place où tu dors les herbes seront hautes;
   Aux mains de Dieu tout sert!

Un mort qu'ils réveillaient les pria de se taire ;
Un pâle éclair parti non du ciel, mais de terre,
  Me fit dans leurs tombeaux
Voir tous les trépassés cadavres ou squelettes,
Avec leurs os jaunis ou leurs chairs violettes,
  S'en allant par lambeaux ;


Les jeunes et les vieux, peuple du cimetière,
Pauvres morts oubliés n'entendant sur leur pierre
  Gémir que l'ouragan,
Et, dévorés d'ennui dans leur froide demeure,
De leurs yeux sans regard cherchant à savoir l'heure
  A l'éternel cadran.


Puis tout devint obscur, et je repris ma route,
Pâle d'avoir tant vu, plein d'horreur et de doute,
  L'esprit et le corps las ;
Et, me suivant partout, mille cloches fêlées,
Comme des voix de mort, me jetaient par volées
  Les râlements du glas.


## III


Et je rentrai chez moi. — De lugubres pensées
Tournaient devant mes yeux sur leurs ailes glacées
  Et me rasaient le front,
Comme on voit sur le soir, autour des cathédrales,
Des essaims de corbeaux dérouler leurs spirales
  Et voltiger en rond.

Dans ma chambre, où tremblait une jaune lumière,
Tout prenait une forme horrible et singulière,
         Un aspect effrayant.
Mon lit était la bière et ma lampe le cierge,
Mon manteau déployé le drap noir qu'on asperge
         Sous la porte en priant.

Dans son cadre terni, le pâle Christ d'ivoire,
Cloué les bras en croix sur son étoffe noire,
         Redoublait de pâleur ;
Et comme au Golgotha, dans sa dure agonie,
Les muscles en relief de sa face jaunie
         Se tordaient de douleur.

Les tableaux ravivant leurs nuances éteintes,
Aux reflets du foyer prenaient d'étranges teintes,
         Et, d'un air curieux,
Comme des spectateurs aux loges d'un théâtre,
Vieux portraits enfumés, pastels aux tons de plâtre,
         Ouvraient tout grands leurs yeux.

Une tête de mort sur nature moulée
Se détachait en blanc, grimaçante et pelée,
         Sous un rayon blafard.
Je la vis s'avancer au bord de la console ;
Ses mâchoires semblaient rechercher leur parole
         Et ses yeux leur regard.

De ses orbites noirs où manquaient les prunelles,
Jaillirent tout à coup de fauves étincelles,
         Comme d'un œil vivant.
Une haleine passa par ses dents déchaussées...
Les rideaux, à plis droits tombaient sur les croisées ;
         Ce n'était pas le vent.

Faible comme ces voix que l'on entend en rêve,
Triste comme un soupir des vagues sur la grève,
   J'entendis une voix.
Or, comme ce jour-là j'avais vu tant de choses,
Tant d'effets merveilleux dont j'ignorais les causes,
   J'eus moins peur cette fois :

#### RAPHAEL.

Je suis le Raphaël, le Sanzio, le grand maître !
O frère, dis-le moi, peux-tu me reconnaître
   Dans ce crâne hideux ?
Car je n'ai rien, parmi ces plâtres et ces masques,
Tous ces crânes luisants, polis comme des casques,
   Qui me distingue d'eux.

Et pourtant c'est bien moi ! moi, le divin jeune homme,
Le roi de la beauté, la lumière de Rome,
   Le Raphaël d'Urbin !
L'enfant aux cheveux bruns qu'on voit aux galeries,
Mollement accoudé, suivre ses rêveries,
   La tête dans sa main !

O ma Fornarina ! ma blanche bien-aimée,
Toi qui dans un baiser pris mon âme pâmée
   Pour la remettre au ciel,
Voilà donc ton amant, le beau peintre au nom d'ange,
Cette tête qui fait une grimace étrange :
   Eh bien ! c'est Raphaël !

Si ton ombre endormie au fond de la chapelle
S'éveillait et venait à ma voix qui t'appelle,
   Oh ! je te ferais peur !
Que le marbre entr'ouvert sur ta tête retombe.
Ne viens pas ! ne viens pas et garde dans ta tombe
   Le rêve de ton cœur !

Analyseurs damnés, abominable race,
Hyènes qui suivez le cortége à la trace
    Pour déterrer le corps ;
Aurez-vous bientôt fait de déclouer les bières,
Pour mesurer nos os et peser nos poussières ?
    Laissez dormir les morts !

Mes maîtres, savez-vous, qui donc a pu le dire ?
Ce qu'on sent quand la scie, avec ses dents déchire
    Nos lambeaux palpitants ?
Savez-vous si la mort n'est pas une autre vie,
Et si, quand leur dépouille à la tombe est ravie,
    Les aïeux sont contents ?

Ah ! vous venez fouiller de vos ongles profanes
Nos tombeaux violés, pour y prendre nos crânes,
    Vous êtes bien hardis.
Ne craignez-vous donc pas qu'un beau jour, pâle et blême,
Un trépassé se lève et vous dise : Anathème !
    Comme je vous le dis.

Vous imaginez donc, dans cette pourriture,
Surprendre les secrets de la mère nature
    Et le travail de Dieu ?
Ce n'est pas par le corps qu'on peut comprendre l'âme.
Le corps n'est que l'autel, le génie est la flamme ;
    Vous éteignez le feu !

O mes Enfants-Jésus ! ô mes brunes madones !
O vous qui me devez vos plus fraîches couronnes,
    Saintes du paradis !
Les savants font rouler mon crâne sur la terre,
Et vous souffrez cela sans prendre le tonnerre,
    Sans frapper ces maudits !

Il est donc vrai ! le ciel a perdu sa puissance.
Le Christ est mort, le siècle a pour dieu la science,
   Pour foi la liberté.
Adieu les doux parfums de la rose mystique ;
Adieu l'amour ; adieu la poésie antique ;
   Adieu sainte beauté !

Vos peintres auront beau, pour voir comme elle est faite,
Tourner entre leurs mains et retourner ma tête,
   Mon secret est à moi.
Ils copieront mes tons, ils copieront mes poses,
Mais il leur manquera ce que j'avais, deux choses,
   L'amour avec la foi !

Dites qui d'entre vous, fils de ce siècle infâme,
Peut rendre saintement la beauté de la femme ?
   Aucun, hélas ! aucun.
Pour vos petits boudoirs il faut des priapées ;
Qui vous jette un regard, ô mes vierges drapées,
   O mes saintes ? Pas un.

L'aiguille a fait son tour. Votre tâche est finie ;
Comme un pâle vieillard le siècle à l'agonie
   Se lamente et se tord.
L'ange du jugement embouche la trompette,
Et la voix va crier : Que justice soit faite,
   Le genre humain est mort !

Je n'entendis plus rien. L'aube aux lèvres d'opale,
Tout endormie encor, sur le vitrage pâle
   Jetait un froid rayon,
Et je vis s'envoler, comme on voit quelque orfraie,
Que sous l'arceau gothique une lueur effraie,
   L'étrange vision !

## LA MORT DANS LA VIE

### IV

La mort est multiforme, elle change de masque
Et d'habit plus souvent qu'une actrice fantasque ;
    Elle sait se farder,
Et ce n'est pas toujours cette maigre carcasse,
Qui vous montre les dents et vous fait la grimace
    Horrible à regarder.

Ses sujets ne sont pas tous dans le cimetière,
Ils ne dorment pas tous sur des chevets de pierre
    A l'ombre des arceaux ;
Tous ne sont pas vêtus de la pâle livrée,
Et la porte sur tous n'est pas encor murée
    Dans la nuit des caveaux.

Il est des trépassés de diverse nature :
Aux uns la puanteur avec la pourriture,
    Le palpable néant,
L'horreur et le dégoût, l'ombre profonde et noire
Et le cercueil avide entr'ouvrant sa mâchoire
    Comme un monstre béant ;

Aux autres, que l'on voit sans qu'on s'en épouvante
Passer et repasser dans la cité vivante
    Sous leur linceul de chair,
L'invisible néant, la mort intérieure
Que personne ne sait, que personne ne pleure,
    Même votre plus cher.

Car, lorsque l'on s'en va dans les villes funèbres
Visiter les tombeaux inconnus ou célèbres,
    De marbre ou de gazon ;
Qu'on ait ou qu'on n'ait pas quelque paupière amie
Sous l'ombrage des ifs à jamais endormie,
    Qu'on soit en pleurs ou non,

On dit : Ceux-là sont morts. La mousse étend son voile
Sur leurs noms effacés ; le ver file sa toile
    Dans le trou de leurs yeux ;
Leurs cheveux ont percé les planches de la bière ;
A côté de leurs os, leur chair tombe en poussière
    Sur les os des aïeux.

Leurs héritiers, le soir, n'ont plus peur qu'ils reviennent ;
C'est à peine à présent si leurs chiens s'en souviennent ;
    Enfumés et poudreux,
Leurs portraits adorés traînent dans les boutiques ;
Leurs jaloux d'autrefois font leurs panégyriques ;
    Tout est fini pour eux.

L'ange de la douleur, sur leur tombe en prière,
Est seul à les pleurer dans ses larmes de pierre,
    Comme le ver leur corps,
L'oubli ronge leur nom avec sa lime sourde ;
Ils ont pour drap de lit six pieds de terre lourde.
    Ils sont morts, et bien morts !

Et peut-être une larme, à votre âme échappée,
Sur leur cendre, de pluie et de neige trempée,
   Filtre insensiblement,
Qui les va réjouir dans leur triste demeure;
Et leur cœur desséché, comprenant qu'on les pleure,
   Retrouve un battement.


Mais personne ne dit, voyant un mort de l'âme :
Paix et repos sur toi ! L'on refuse à la lame
   Ce qu'on donne au fourreau ;
L'on pleure le cadavre et l'on panse la plaie,
L'âme se brise et meurt sans que nul s'en effraie
   Et lui dresse un tombeau.


Et cependant il est d'horribles agonies
Qu'on ne saura jamais; des douleurs infinies
   Que l'on n'aperçoit pas.
Il est plus d'une croix au calvaire de l'âme
Sans l'auréole d'or, et sans la blanche femme
   Échevelée au bas.


Toute âme est un sépulcre où gisent mille choses;
Des cadavres hideux dans des figures roses
   Dorment ensevelis.
On retrouve toujours les larmes sous le rire,
Les morts sous les vivants, et l'homme est à vrai dire
   Une Nécropolis.


Les tombeaux déterrés des vieilles cités mortes,
Les chambres et les puits de la Thèbe aux cent portes
   Ne sont pas si peuplés;
On n'y rencontre pas de plus affreux squelettes.
Un plus vaste fouillis d'ossements et de têtes
   Aux ruines mêlés.

L'on en voit qui n'ont pas d'épitaphe à leurs tombes,
Et de leurs trépassés font comme aux catacombes
  Un grand entassement ;
Dont le cœur est un champ uni, sans croix ni pierres,
Et que l'aveugle Mort de diverses poussières
  Remplit confusément.

D'autres, moins oublieux, ont des caves funèbres
Où sont rangés leurs morts, comme celles des Guèbres
  Ou des Égyptiens ;
Tout autour de leur cœur sont debout les momies,
Et l'on y reconnaît les figures blêmies
  De leurs amours anciens.

Dans un pur souvenir chastement embaumée
Ils gardent au fond d'eux l'âme qu'ils ont aimée ;
  Triste et charmant trésor !
La mort habite en eux au milieu de la vie ;
Ils s'en vont poursuivant la chère ombre ravie
  Qui leur sourit encor.

Où ne trouve-t-on pas, en fouillant, un squelette ?
Quel foyer réunit la famille complète
  En cercle chaque soir ?
Et quel seuil, si riant et si beau qu'il puisse être,
Pour ne pas revenir n'a vu sortir le maître
  Avec un manteau noir ?

Cette petite fleur, qui, toute réjouie,
Fait baiser au soleil sa bouche épanouie,
  Est fille de la mort.
En plongeant sous le sol, peut-être sa racine
Dans quelque cendre chère a pris l'odeur divine
  Qui vous charme si fort.

O fiancés d'hier, encore amants, l'alcôve
Où nichent vos amours, à quelque vieillard chauve
    A servi comme à vous ;
Avant vos doux soupirs elle a redit son râle,
Et son souvenir mêle une odeur sépulcrale
    A vos parfums d'époux !

Où donc poser le pied qu'on ne foule une tombe ?
Ah ! lorsque l'on prendrait son aile à la colombe,
    Ses pieds au daim léger ;
Qu'on irait demander au poisson sa nageoire,
On trouvera partout l'hôtesse blanche et noire
    Prête à vous héberger.

Cessez donc, cessez donc, ô vous, les jeunes mères
Berçant vos fils aux bras des riantes chimères,
    De leur rêver un sort ;
Filez-leur un suaire avec le lin des langes.
Vos fils, fussent-ils purs et beaux comme les anges,
    Sont condamnés à mort !


## V

A travers les soupirs, les plaintes et le râle
Poursuivons jusqu'au bout la funèbre spirale
    De ses détours maudits.
Notre guide n'est pas Virgile le poëte,
La Béatrix vers nous ne penche pas la tête
    Du fond du paradis.

Pour guide nous avons une vierge au teint pâle
Qui jamais ne reçut le baiser d'or du hâle
    Des lèvres du soleil.
Sa joue est sans couleur et sa bouche bleuâtre,
Le bouton de sa gorge est blanc comme l'albâtre,
    Au lieu d'être vermeil.

Un souffle fait plier sa taille délicate ;
Ses bras, plus transparents que le jaspe ou l'agate,
    Pendent languissamment ;
Sa main laisse échapper une fleur qui se fane,
Et, ployée à son dos, son aile diaphane
    Reste sans mouvement.

Plus sombres que la nuit, plus fixes que la pierre,
Sous leur sourcil d'ébène et leur longue paupière
    Luisent ses deux grands yeux,
Comme l'eau du Léthé qui va muette et noire,
Ses cheveux débordés baignent sa chair d'ivoire
    A flots silencieux.

Des feuilles de ciguë avec des violettes
Se mêlent sur son front aux blanches bandelettes,
    Chaste et simple ornement ;
Quant au reste, elle est nue, et l'on rit et l'on tremble
En la voyant venir ; car elle a tout ensemble
    L'air sinistre et charmant.

Quoiqu'elle ait mis le pied dans tous les lits du monde,
Sous sa blanche couronne elle reste inféconde
    Depuis l'éternité.
L'ardent baiser s'éteint sur sa lèvre fatale,
Et personne n'a pu cueillir la rose pâle
    De sa virginité.

C'est par elle qu'on pleure et qu'on se désespère :
C'est elle qui ravit au giron de la mère
      Son doux et cher souci ;
C'est elle qui s'en va se coucher, la jalouse,
Entre les deux amants, et qui veut qu'on l'épouse
      A son tour elle aussi.

Elle est amère et douce, elle est méchante et bonne ;
Sur chaque front illustre elle met la couronne
      Sans peur ni passion.
Amère aux gens heureux et douce aux misérables,
C'est la seule qui donne aux grands inconsolables
      Leur consolation.

Elle prête des lits à ceux qui, sur le monde,
Comme le Juif errant, font nuit et jour leur ronde
      Et n'ont jamais dormi.
A tous les parias elle ouvre son auberge,
Et reçoit aussi bien la Phryné que la vierge,
      L'ennemi que l'ami.

Sur le pas de ce guide au visage impassible,
Nous marchons en suivant la spirale terrible
      Vers le but inconnu,
Par un enfer vivant sans caverne ni gouffre,
Sans bitume enflammé, sans mers aux flots de sufre,
      Sans Belzébuth cornu.

Voici, contre un carreau, comme un reflet de lampe
Avec l'ombre d'un homme. Allons, montons la rampe,
      Approchons et voyons.
Ah ! c'est toi, docteur Faust ! dans la même posture
Du sorcier de Rembrandt sur la noire peinture
      Aux flamboyants rayons.

Quoi! tu n'as pas brisé tes fioles d'alchimiste,
Et tu penches toujours ton grand front chauve et triste
      Sur quelque manuscrit!
Dans ton livre, aux lueurs de ce soleil mystique
Quoi! tu cherches encor le mot cabalistique
      Qui fait venir l'Esprit!

Eh bien! Scientia, ta maîtresse adorée,
A tes chastes désirs s'est-elle enfin livrée?
      Ou, comme au premier jour,
N'en es-tu qu'à baiser sa robe ou sa pantoufle,
Ta poitrine asthmatique a-t-elle encor du souffle
      Pour un soupir d'amour?

Quel sable, quel corail a ramené ta sonde?
As-tu touché le fond des sagesses du monde?
      En puisant à ton puits,
Nous as-tu dans ton seau fait monter toute nue
La blanche Vérité jusqu'ici méconnue?
      Arbre, où sont donc tes fruits?

         FAUST.

J'ai plongé dans la mer, sous le dôme des ondes;
Les grands poissons jetaient leurs ondes vagabondes
      Jusques au fond des eaux;
Léviathan fouettait l'abîme de sa queue,
Les sirènes peignaient leur chevelure bleue
      Sur les bancs de coraux.

La seiche horrible à voir, le polype difforme,
Tendaient leurs mille bras; le requin, l'orque énorme
      Roulaient leurs gros yeux verts;
Mais je suis remonté, car je manquais d'haleine;
C'est un manteau bien lourd pour une épaule humaine
      Que le manteau des mers!

Je n'ai pu de mon puits tirer que de l'eau claire ;
Le Sphinx interrogé continue à se taire ;
   Si chauve et si cassé,
Hélas ! j'en suis encore à *peut-être*, et *que sais-je ?*
Et les fleurs de mon front ont fait comme une neige
   Aux lieux où j'ai passé.

Malheureux que je suis d'avoir sans défiance
Mordu les pommes d'or de l'arbre de science !
   La science est la mort.
Ni l'upas de Java, ni l'euphorbe d'Afrique,
Ni le mancenillier au sommeil magnétique,
   N'ont un poison plus fort.

Je ne crois plus à rien. J'allais, de lassitude,
Quand vous êtes venus, renoncer à l'étude
   Et briser mes fourneaux.
Je ne sens plus en moi palpiter une fibre,
Et comme un balancier seulement mon cœur vibre
   A mouvements égaux.

Le néant ! Voilà donc ce que l'on trouve au terme !
Comme une tombe un mort, ma cellule renferme
   Un cadavre vivant.
C'est pour arriver là que j'ai pris tant de peine,
Et que j'ai sans profit, comme on fait d'une graine,
   Semé mon âme au vent.

Un seul baiser, ô douce et blanche Marguerite,
Pris sur ta bouche en fleur, si fraîche et si petite,
   Vaut mieux que tout cela.
Ne cherchez pas un mot qui n'est pas dans le livre ;
Pour savoir comme on vit n'oubliez pas de vivre ;
   Aimez, car tout est là !

## VI

La spirale sans fin dans le vide s'enfonce ;
Tout autour, n'attendant qu'une fausse réponse
      Pour vous pomper le sang,
Sur leurs grands piédestaux semés d'hiéroglyphes,
Des Sphinx aux seins pointus, aux doigts armés de griffes,
      Roulent leur œil luisant.

En passant devant eux, à chaque pas l'on cogne
Des os demi-rongés, des restes de charogne,
      Des crânes sonnant creux.
On voit de chaque trou sortir des jambes raides ;
Des apparitions monstrueusement laides
      Fendent l'air ténébreux.

C'est ici que l'énigme est encor sans Œdipe,
Et qu'on attend toujours le rayon qui dissipe
      L'antique obscurité.
C'est ici que la Mort propose son problème,
Et que le voyageur, devant sa face blême,
      Recule épouvanté.

Ah ! que de nobles cœurs et que d'âmes choisies,
Vainement, à travers toutes les poésies,
      Toutes les passions,
Ont poursuivi le mot de la page fatale,
Dont les os gisent là sans pierre sépulcrale
      Et sans inscriptions !

Combien, dons Juans obscurs, ont leurs listes remplies
Et qui cherchent encor ! Que de lèvres pâlies
      Sous les plus doux baisers,
Et qui n'ont jamais pu se joindre à leur chimère !
Que de désirs au ciel sont remontés de terre
      Toujours inapaisés !

Il est des écoliers qui voudraient tout connaître,
Et qui ne trouvent pas pour valet et pour maître
      De Méphistophélès.
Dans les greniers, il est des Faust sans Marguerite,
Dont l'enfer ne veut pas et que Dieu déshérite ;
      Tous ceux-là, plaignez-les !

Car ils souffrent un mal, hélas ! inguérissable ;
Ils mêlent une larme à chaque grain de sable
      Que le temps laisse choir.
Leur cœur, comme une orfraie au fond d'une ruine,
Râle piteusement dans leur maigre poitrine
      L'hymne du désespoir.

Leur vie est comme un bois à la fin de l'automne,
Chaque souffle qui passe arrache à leur couronne
      Quelque reste de vert,
Et leurs rêves en pleurs s'en vont fendant les nues,
Silencieux, pareils à des files de grues
      Quand approche l'hiver.

Leurs tourments ne sont point redits par le poëte,
Martyrs de la pensée, ils n'ont pas sur leur tête
      L'auréole qui luit ;
Par les chemins du monde ils marchent sans cortége,
Et sur le sol glacé tombent comme la neige
      Qui descend dans la nuit.

Comme je m'en allais, ruminant ma pensée,
Triste, sans dire mot, sous la voûte glacée,
 Par le sentier étroit;
S'arrêtant tout à coup, ma compagne blafarde
Me dit en étendant sa main frêle : Regarde
 Du côté de mon doigt.

C'était un cavalier avec un grand panache,
De longs cheveux bouclés, une noire moustache
 Et des éperons d'or;
Il avait le manteau, la rapière et la fraise
Ainsi qu'un raffiné du temps de Louis Treize,
 Et semblait jeune encor.

Mais en regardant bien je vis que sa perruque
Sous ses faux cheveux bruns laissait près de sa nuque
 Passer des cheveux blancs;
Son front, pareil au front de la mer soucieuse,
Se ridait à longs plis; sa joue était si creuse
 Que l'on comptait ses dents.

Malgré le fard épais dont elle était plâtrée,
Comme un marbre couvert d'une gaze pourprée
 Sa pâleur transperçait;
A travers le carmin qui colorait sa lèvre,
Sous son rire d'emprunt on voyait que la fièvre
 Chaque nuit le baisait.

Ses yeux sans mouvement semblaient des yeux de verre,
Ils n'avaient rien des yeux d'un enfant de la terre,
 Ni larme ni regard.
Diamant enchâssé dans sa morne prunelle,
Brillait d'un éclat fixe une froide étincelle.
 C'était bien un vieillard!

Comme l'arche d'un pont son dos faisait la voûte;
Ses pieds endoloris, tout gonflés par la goutte,
        Chancelaient sous son poids.
Ses mains pâles tremblaient, — ainsi tremblent les vagues
Sous les baisers du Nord, — et laissaient fuir leurs bagues,
        Trop larges pour ses doigts.

Tout ce luxe, ce fard sur cette face creuse,
Formaient une alliance étrange et monstrueuse.
        C'était plus triste à voir
Et plus laid qu'un cercueil chez des filles de joie,
Qu'un squelette paré d'une robe de soie,
        Qu'une vieille au miroir.

Confiant à la nuit son amoureuse plainte,
Il attendait devant une fenêtre éteinte,
        Sous un balcon désert.
Nul front blanc ne venait s'appuyer au vitrage,
Nul soleil de beauté ne montrait son visage
        Au fond du ciel ouvert.

Dis, que fais-tu donc là, vieillard, dans les ténèbres,
Par une de ces nuits où les essaims funèbres
        S'envolent des tombeaux?
Que vas-tu donc chercher si loin, si tard, à l'heure
Où l'Ange de minuit au beffroi chante et pleure,
        Sans page et sans flambeaux?

Tu n'as plus l'âge où tout vous rit et vous accueille,
Où la vierge répand à vos pieds, feuille à feuille,
        La fleur de sa beauté;
Et ce n'est plus pour toi que s'ouvrent les fenêtres,
Tu n'es bon qu'à dormir auprès de tes ancêtres
        Sous un marbre sculpté.

Entends-tu le hibou qui jette ses cris aigres ;
Entends-tu dans les bois hurler les grands loups maigres ?
   O vieillard sans raison !
Rentre, c'est le moment où la lune réveille
Le vampire blafard sur sa couche vermeille ;
   Rentre dans la maison.

Le vent moqueur a pris ta chanson sur son aile,
Personne ne t'écoute, et ta cape ruisselle
   Des pleurs de l'ouragan...
Il ne me répond rien ; dites, quel est cet homme,
O Mort, et savez-vous le nom dont on le nomme ?
  — Cet homme, c'est don Juan.


## VII

### DON JUAN.

Heureux adolescents, dont le cœur s'ouvre à peine
Comme une violette à la première haleine
   Du printemps qui sourit,
Ames couleur de lait, frais buissons d'aubépine
Où, sous le pur rayon, dans la pluie argentine
   Tout gazouille et fleurit ;

O vous tous qui sortez des bras de votre mère
Sans connaître la vie et la science amère,
   Et qui voulez savoir,
Poëtes et rêveurs, plus d'une fois sans doute,
Aux lisières des bois, en suivant votre route
   Dans la rougeur du soir,

A l'heure enchanteresse, où sur le bout des branches
On voit se becqueter les tourterelles blanches
    Et les bouvreuils au nid,
Quand la nature lasse en s'endormant soupire,
Et que la feuille au vent vibre comme une lyre
    Après le chant fini.

Quand le calme et l'oubli viennent à toutes choses,
Et que le sylphe rentre au pavillon des roses
    Sous les parfums plié ;
Émus de tout cela, pleins d'ardeurs inquiètes,
Vous avez souhaité ma liste et mes conquêtes ;
    Vous m'avez envié

Les festins, les baisers sur les épaules nues,
Toutes ces voluptés à votre âge inconnues,
    Aimable et cher tourment !
Zerline, Elvire, Anna, mes Romaines jalouses,
Mes beaux lis d'Albion, mes brunes Andalouses,
    Tout mon troupeau charmant.

Et vous vous êtes dit par la voix de vos âmes :
Comment faisais-tu donc pour avoir plus de femmes
    Que n'en a le sultan ?
Comment faisais-tu donc, malgré verrous et grilles
Pour te glisser au lit des belles jeunes filles,
    Heureux, heureux don Juan !

Conquérant oublieux, une seule de celles
Que tu n'inscrivais pas, une entre tes moins belles,
    Ta plus modeste fleur,
Oh ! combien et longtemps nous l'eussions adorée !
Elle aurait embelli, dans une urne dorée,
    L'autel de notre cœur.

Elle aurait parfumé, cette humble violette
Dont sous l'herbe ton pied a fait ployer la tête,
    Notre pâle printemps ;
Nous l'aurions recueillie, et de nos pleurs trempée,
Cette étoile aux yeux bleus, dans le bal échappée
    A tes doigts inconstants.

Adorables frissons de l'amoureuse fièvre,
Ramiers qui descendez du ciel sur une lèvre,
    Baisers âcres et doux,
Chutes du dernier voile, et vous, cascades blondes,
Cheveux d'or inondant un dos brun de vos ondes,
    Quand vous connaîtrons-nous ?

Enfants, je les connais tous ces plaisirs qu'on rêve ;
Autour du tronc fatal l'antique serpent d'Ève
    Ne s'est pas mieux tordu.
Aux yeux mortels, jamais dragon à tête d'homme
N'a d'un plus vif éclat fait reluire la pomme
    De l'arbre défendu.

Souvent, comme des nids de fauvettes farouches,
Tout prêts à s'envoler, j'ai surpris sur des bouches
    Des nids d'aveux tremblants ;
J'ai serré dans mes bras de ravissants fantômes,
Bien des vierges en fleur m'ont versé les purs baumes
    De leurs calices blancs.

Pour en avoir le mot, courtisanes rusées,
J'ai pressé, sous le fard, vos lèvres plus usées
    Que le grès des chemins.
Égouts impurs où vont tous les ruisseaux du monde,
J'ai plongé sous vos flots ; et toi, débauche immonde,
    J'ai vu tes lendemains.

J'ai vu les plus purs fronts rouler après l'orgie,
Parmi les flots de vin, sur la nappe rougie;
   J'ai vu les fins de bal
Et la sueur des bras, et la pâleur des têtes
Plus mornes que la Mort sous leurs boucles défaites
   Au soleil matinal.

Comme un mineur qui suit une veine inféconde,
J'ai fouillé nuit et jour l'existence profonde
   Sans trouver le filon.
J'ai demandé la vie à l'amour qui la donne,
Mais vainement; je n'ai jamais aimé personne
   Ayant au monde un nom.

J'ai brûlé plus d'un cœur dont j'ai foulé la cendre,
Mais je restai toujours, comme la salamandre,
   Froid au milieu du feu.
J'avais un idéal frais comme la rosée,
Une vision d'or, une opale irisée
   Par le regard de Dieu;

Femme comme jamais sculpteur n'en a pétrie,
Type réunissant Cléopâtre et Marie,
   Grâce, pudeur, beauté;
Une rose mystique, où nul ver ne se cache;
Les ardeurs du volcan et la neige sans tache
   De la virginité!

Au carrefour douteux, Y grec de Pythagore,
J'ai pris la branche gauche, et je chemine encore
   Sans arriver jamais.
Trompeuse volupté, c'est toi que j'ai suivie,
Et peut-être, ô vertu! l'énigme de la vie,
   C'est toi qui la savais.

Que n'ai-je, comme Faust, dans ma cellule sombre,
Contemplé sur le mur la tremblante pénombre
  Du microcosme d'or !
Que n'ai-je, feuilletant cabales et grimoires,
Auprès de mon fourneau, passé les heures noires
  A chercher le trésor !

J'avais la tête forte, et j'aurais lu ton livre
Et bu ton vin amer, Science, sans être ivre
  Comme un jeune écolier !
J'aurais contraint Isis à relever son voile,
Et du plus haut des cieux fait descendre l'étoile
  Dans mon noir atelier.

N'écoutez pas l'Amour, car c'est un mauvais maître ;
Aimer, c'est ignorer, et vivre, c'est connaître.
  Apprenez, apprenez ;
Jetez et rejetez à toute heure la sonde,
Et plongez plus avant sous cette mer profonde
  Que n'ont fait vos ainés.

Laissez Léviathan souffler par ses narines,
Laissez le poids des mers au fond de vos poitrines
  Presser votre poumon.
Fouillez les noirs écueils qu'on n'a pu reconnaître,
Et dans son coffre d'or vous trouverez peut-être
  L'anneau de Salomon !


## VIII

Ainsi parla don Juan, et sous la froide voûte,
Las, mais voulant aller jusqu'au bout de la route,
  Je repris mon chemin.

Enfin je débouchai dans une plaine morne
Qu'un ciel en feu fermait à l'horizon sans borne
    D'un cercle de carmin.

Le sol de cette plaine était d'un blanc d'ivoire,
Un fleuve la coupait comme un ruban de moire
    Du rouge le plus vif.
Tout était ras ; ni bois, ni clocher, ni tourelle,
Et le vent ennuyé, la balayait de l'aile
    Avec un ton plaintif.

J'imaginai d'abord que cette étrange teinte,
Cette couleur de sang dont cette onde était peinte,
    N'était qu'un vain reflet ;
Que la craie et le tuf formaient ce blanc d'ivoire,
Mais je vis que c'était (me penchant pour y boire)
    Du vrai sang qui coulait.

Je vis que d'os blanchis la terre était couverte,
Froide neige de morts, où nulle plante verte,
    Nulle fleur ne germait ;
Que ce sol n'était fait que de poussière d'homme,
Et qu'un peuple à remplir Thèbes, Palmyre et Rome,
    Était là qui dormait.

Une ombre, dos voûté, front penché, dans la brise
Passa. C'était bien LUI, la redingote grise
    Et le petit chapeau.
Une aigle d'or planait sur sa tête sacrée,
Cherchant, pour s'y poser, inquiète, effarée,
    Un bâton de drapeau.

Les squelettes tâchaient de rajuster leurs têtes,
Le spectre du tambour agitait ses baguettes
    A son pas souverain ;

Une immense clameur volait sur son passage,
Et cent mille canons lui chantaient dans l'orage
    Leur fanfare d'airain.

Lui ne paraissait pas entendre ce tumulte,
Et, comme un Dieu de marbre, insensible à son culte.
    Marchait silencieux;
Quelquefois seulement, comme à la dérobée,
Pour retrouver au ciel son étoile tombée
    Il relevait les yeux.

Mais le ciel empourpré d'un reflet d'incendie
N'avait pas une étoile, et la flamme agrandie
    Montait, montait toujours.
Alors, plus pâle encor qu'aux jours de Sainte-Hélène,
Il refermait ses bras sur sa poitrine, pleine
    De gémissements sourds.

Quand il fut devant nous : Grand empereur, lui dis-je,
Ce mot mystérieux que mon destin m'oblige
    A chercher ici-bas,
Ce mot perdu que Faust demandait à son livre,
Et don Juan à l'amour, pour mourir ou pour vivre,
    Ne le sauriez-vous pas?

— O malheureux enfant! dit l'ombre impériale,
Retourne-t'en là-haut, la bise est glaciale,
    Et je suis tout transi.
Tu ne trouverais pas, sur la route, d'auberge
Où réchauffer tes pieds, car la Mort seule héberge
    Ceux qui passent ici.

Regarde... C'en est fait. L'étoile est éclipsée,
Un sang noir pleut du flanc de mon aigle, blessée
    Au milieu de son vol.

Avec les blancs flocons de la neige éternelle,
Du haut du ciel obscur, les plumes de son aile
    Descendent sur le sol.

Hélas ! je ne saurais contenter ton envie ;
J'ai vainement cherché le mot de cette vie,
    Comme Faust et don Juan,
Je ne sais rien de plus qu'au jour de ma naissance,
Et pourtant je faisais dans ma toute-puissance
    Le calme et l'ouragan.

Pourtant l'on me nommait par excellence L'HOMME :
L'on portait devant moi l'aigle et les faisceaux, comme
    Aux vieux Césars romains ;
Pourtant j'avais dix rois pour me tenir ma robe,
J'étais un Charlemagne emprisonnant le globe
    Dans une de mes mains.

Je n'ai rien vu de plus du haut de la colonne
Où ma gloire, arc-en-ciel tricolore, rayonne,
    Que vous autres d'en bas.
En vain de mon talon j'éperonnais le monde,
Toujours le bruit des camps et du canon qui gronde,
    Des assauts, des combats.

Toujours des plats d'argent avec des clefs de villes,
Un concert de clairons et de hourras serviles,
    Des lauriers, des discours ;
Un ciel noir, dont la pluie était de la mitraille,
Des morts à saluer sur un champ de bataille ;
    Ainsi passaient mes jours.

Que ton doux nom de miel, Lætitia, ma mère,
Mentait cruellement à ma fortune amère !
    Que j'étais malheureux !

Je promenais partout ma peine vagabonde,
J'avais rêvé l'empire, et la boule du monde
    Dans ma main sonnait creux.

Ah ! le sort des bergers, et le hêtre où Tityre
Dans la chaleur du jour à l'écart se retire
    Et chante Amaryllis,
Le grelot qui résonne et le troupeau qui bêle,
Le lait pur ruisselant d'une blanche mamelle
    Entre des doigts de lis ;

Le parfum du foin vert et l'odeur de l'étable,
Le pain bis des pasteurs, quelques noix sur la table,
    Une écuelle de bois ;
Une flûte à sept trous jointe avec de la cire,
Et six chèvres, voilà tout ce que je désire,
    Moi, le vainqueur des rois.

Une peau de mouton couvrira mes épaules,
Galatée en riant s'enfuira sous les saules,
    Et je l'y poursuivrai :
Mes vers seront plus doux que la douce ambroisie,
Et Daphnis deviendra pâle de jalousie
    Aux airs que je jouerai.

Ah ! je veux m'en aller dans mon île de Corse,
Par le bois dont la chèvre en passant mord l'écorce,
    Par le ravin profond,
Le long du sentier creux où chante la cigale,
Suivre nonchalamment en sa marche inégale
    Mon troupeau vagabond.

Le Sphinx est sans pitié pour quiconque se trompe.
Imprudent, tu veux donc qu'il t'égorge et te pompe
    Le pur sang de ton cœur !

Le seul qui devina cette énigme funeste
Tua Laïus son père, et commit un inceste :
    Triste prix du vainqueur !

## IX

Me voilà revenu de ce voyage sombre,
Où l'on n'a pour flambeaux et pour astre dans l'ombre
    Que les yeux du hibou ;
Comme, après tout un jour de labourage, un buffle
S'en retourne à pas lents, morne et baissant le mufle,
    Je vais ployant le cou.

Me voilà revenu du pays des fantômes ;
Mais je conserve encor, loin des muets royaumes,
    Le teint pâle des morts.
Mon vêtement, pareil au crêpe funéraire
Sur une urne jeté, de mon dos jusqu'à terre
    Pend au long de mon corps.

Je sors d'entre les mains d'une Mort plus avare
Que celle qui veillait au tombeau de Lazare ;
    Elle garde son bien :
Elle lâche le corps, mais elle retient l'âme ;
Elle rend le flambeau, mais elle éteint la flamme,
    Et Christ n'y pourrait rien.

Je ne suis plus, hélas ! que l'ombre de moi-même,
Que la tombe vivante où gît tout ce que j'aime,
    Et je me survis seul ;

Je promène avec moi les dépouilles glacées
De mes illusions, charmantes trépassées
  Dont je suis le linceul.

Je suis trop jeune encor, je veux aimer et vivre,
O Mort... et je ne puis me résoudre à te suivre
  Dans le sombre chemin ;
Je n'ai pas eu le temps de bâtir la colonne
Où la Gloire viendra suspendre ma couronne ;
  O Mort, reviens demain !

Vierge aux beaux seins d'albâtre, épargne ton poëte,
Souviens-toi que c'est moi, qui le premier, t'ai faite
  Plus belle que le jour ;
J'ai changé ton teint vert en pâleur diaphane,
Sous de beaux cheveux noirs j'ai caché ton vieux crâne,
  Et je t'ai fait la cour.

Laisse-moi vivre encor, je dirai tes louanges ;
Pour orner tes palais, je sculpterai des anges,
  Je forgerai des croix ;
Je ferai, dans l'église et dans le cimetière,
Fondre le marbre en pleurs et se plaindre la pierre
  Comme au tombeau des rois !

Je te consacrerai mes chansons les plus belles :
Pour toi j'aurai toujours des bouquets d'immortelles
  Et des fleurs sans parfum.
J'ai planté mon jardin, ô Mort, avec tes arbres ;
L'if, le buis, le cyprès y croisent sur les marbres
  Leurs rameaux d'un vert brun.

J'ai dit aux belles fleurs, doux honneur du parterre,
Au lis majestueux ouvrant son blanc cratère,
  A la tulipe d'or,

A la rose de mai que le rossignol aime,
J'ai dit au dahlia, j'ai dit au chrysanthème,
   A bien d'autres encor :

Ne croissez pas ici ! cherchez une autre terre,
Frais amours du printemps ; pour ce jardin austère
   Votre éclat est trop vif ;
Le houx vous blesserait de ses pointes aiguës,
Et vous boiriez dans l'air le poison des ciguës,
   L'odeur âcre de l'if.

Ne m'abandonne pas, ô ma mère, ô Nature,
Tu dois une jeunesse à toute créature,
   A toute âme un amour ;
Je suis jeune et je sens le froid de la vieillesse,
Je ne puis rien aimer. Je veux une jeunesse,
   N'eût-elle qu'un seul jour !

Ne me sois pas marâtre, ô Nature chérie,
Redonne un peu de séve à la plante flétrie
   Qui ne veut pas mourir ;
Les torrents de mes yeux ont noyé sous leur pluie
Son bouton tout rongé que nul soleil n'essuie
   Et qui ne peut s'ouvrir.

Air vierge, air de cristal, eau, principe du monde,
Terre qui nourris tout, et toi, flamme féconde,
   Rayon de l'œil de Dieu,
Ne laissez pas mourir, vous qui donnez la vie,
La pauvre fleur qui penche et qui n'a d'autre envie
   Que de fleurir un peu !

Étoiles, qui d'en haut voyez valser les mondes,
Faites pleuvoir sur moi, de vos paupières blondes,
   Vos pleurs de diamant ;

Lune, lis de la nuit, fleur du divin parterre,
Verse-moi tes rayons. ô blanche solitaire,
    Du fond du firmament !

Œil ouvert sans repos au milieu de l'espace,
Perce, soleil puissant, ce nuage qui passe !
    Que je te voie encor,
Aigles, vous qui fouettez le ciel à grands coups d'ailes,
Griffons au vol de feu, rapides hirondelles,
    Prêtez-moi votre essor !

Vents, qui prenez aux fleurs leurs âmes parfumées
Et les aveux d'amour aux bouches bien-aimées ;
    Air sauvage des monts,
Encor tout imprégné des senteurs du mélèze,
Brise de l'Océan où l'on respire à l'aise,
    Emplissez mes poumons !

Avril, pour m'y coucher, m'a fait un tapis d'herbe ;
Le lilas sur mon front s'épanouit en gerbe,
    Nous sommes au printemps.
Prenez-moi dans vos bras, doux rêves du poëte,
Entre vos seins polis posez ma pauvre tête
    Et bercez-moi longtemps.

Loin de moi, cauchemars, spectres des nuits ! Les roses,
Les femmes, les chansons, toutes les belles choses
    Et tous les beaux amours,
Voilà ce qu'il me faut. Salut, ô muse antique,
Muse au frais laurier vert, à la blanche tunique,
    Plus jeune tous les jours !

Brune aux yeux de lotus, blonde à paupière noire,
O Grecque de Milet, sur l'escabeau d'ivoire
    Pose tes beaux pieds nus,

Que d'un nectar vermeil la coupe se couronne!
Je bois à ta beauté d'abord, blanche Théone,
   Puis aux dieux inconnus.

Ta gorge est plus lascive et plus souple que l'onde;
Le lait n'est pas si pur et la pomme est moins ronde.
   Allons, un beau baiser!
Hâtons-nous, hâtons-nous! Notre vie, ô Théone,
Est un cheval ailé que le Temps éperonne;
   Hâtons-nous d'en user.

Chantons Io, Péan!... Mais quelle est cette femme
Si pâle sous son voile? Ah! c'est toi, vieille infâme!
   Je vois ton crâne ras,
Je vois tes grands yeux creux, prostituée immonde,
Courtisane éternelle environnant le monde
   Avec tes maigres bras!

# POÉSIES DIVERSES

1838-1845

# POÉSIES DIVERSES

#### 1838-1845

### SUR UN ALBUM

Vous voulez de mes vers, reine aux yeux fiers et doux!
Hélas ! vous savez bien qu'avec les chiens jaloux,
Les critiques hargneux, aux babines froncées,
Qui traînent par lambeaux les strophes dépecées,
Toute la pâle race au front jauni de fiel,
Dont le bonheur d'autrui fait le deuil éternel,
J'aboie à pleine gueule, et plus fort que les autres.
O poëtes divins, je ne suis plus des vôtres!
On m'a fait une niche où je veille tapi,
Dans le bas du journal comme un dogue accroupi ;
Et j'ai pour bien longtemps, sur l'autel de mon âme,
Renversé l'urne d'or où rayonnait la flamme.
Pour moi plus de printemps, plus d'art, plus de sommeil;
Plus de blonde chimère au sourire vermeil,
De colombe privée, au col blanc, au pied rose,
Qui boive dans ma coupe et sur mon doigt se pose.
Ma poésie est morte, et je ne sais plus rien,

Sinon que tout est laid, sinon que rien n'est bien.
Je trouve, par état, le mal dans toute chose,
Les taches du soleil, le ver de chaque rose;
Triste infirmier, je vois l'ossement sous la peau,
La coulisse en dedans et l'envers du rideau.
Ainsi je vis. — Comment la belle Muse antique,
Droite sous les longs plis de sa blanche tunique,
Avec ses cheveux noirs en deux flots déroulés,
Comme le firmament de fleurs d'or étoilés,
Sans se blesser la plante à ces tessons de verre,
Pourrait-elle descendre auprès de moi sur terre?
Mais les belles toujours sont puissantes sur nous:
Les lions sur leurs pieds posent leurs mufles roux.
Ce que ne ferait pas la Muse aux grandes ailes,
La Vierge aonienne aux grâces éternelles,
Avec son doux baiser et la gloire pour prix,
Vous le faites, ô reine! et dans mon cœur surpris
Je sens germer les vers, et toute réjouie,
S'ouvrir comme une fleur la rime épanouie!

1841.

## A LA PRINCESSE BATHILDE

La cloche matinale enfin a sonné l'heure
Où les pâles Wilis, qu'un jour trop vif effleure,
Près du sylphe qui dort vont se glisser sans bruit,
Au cœur des nénufars et des belles de nuit ;
Giselle défaillante avec de molles poses
Lentement disparaît sous son linceul de roses,
Et l'on n'aperçoit plus du fantôme charmant
Qu'une petite main tendue à son amant.
— Alors vous paraissez, chasseresse superbe,
Traînant votre velours sur le velours de l'herbe,
Un sourire à la bouche, un rayon dans les yeux,
Plus fraîche que l'aurore éclose au bord des cieux ;
Belle au regard d'azur, à la tresse dorée,
Que sur ses blancs autels la Grèce eût adorée ;
Pur marbre de Paros, que les Grâces, en chœur,
Dans leur groupe admettraient pour quatrième sœur.
— De la forêt magique illuminant la voûte,
Une vive clarté se répand, — et l'on doute
Si le jour, qui renaît dans son éclat vermeil,
Vient de votre présence ou s'il vient du soleil !

Giselle meurt; Albert éperdu se relève,
Et la réalité fait envoler le rêve;
Mais en attraits divins, en chaste volupté,
Quel rêve peut valoir votre réalité !

1843

## OUI, FORSTER, J'ADMIRAIS....

Oui, Forster, j'admirais ton oreille divine ;
Tu m'avais bien compris, l'eloge se devine :
Qu'elle est charmante à voir sur les bandeaux moirés
De tes cheveux anglais si richement dorés !
Jamais Benvenuto, dieu de la ciselure,
N'a tracé sur l'argent plus fine niellure,
Ni dans l'anse d'un vase enroulé d'ornement
D'un tour plus gracieux et d'un goût plus charmant !
Épanouie au coin de la tempe bleuâtre,
Elle semble, au milieu de ta blancheur d'albâtre,
Une fleur qui vivrait, une rose de chair,
Une coquille ôtée à l'écrin de la mer !
Comme en un marbre grec, elle est droite et petite,
Et le moule en est pris sur celle d'Aphrodite.
Bienheureux le bijou qui de ses lèvres d'or
Baise son lobe rose, — et plus heureux encor
Celui qui peut verser, ô faveur sans pareille !
Dans les contours nacrés de sa conque vermeille,
Tremblant d'émotion, pâlissant, éperdu,
Un mot mystérieux, d'elle seule entendu !

1841.

## PRIÈRE

Comme un ange gardien prenez-moi sous votre aile;
Tendez, en souriant et daignant vous pencher,
A ma petite main votre main maternelle,
Pour soutenir mes pas et me faire marcher!

Car Jésus le doux maître, aux célestes tendresses,
Permettait aux enfants de s'approcher de lui;
Comme un père indulgent il souffrait leurs caresses,
Et jouait avec eux sans témoigner d'ennui.

O vous qui ressemblez à ces tableaux d'église
Où l'on voit, sur fond d'or, l'auguste Charité
Préservant de la faim, préservant de la bise
Un groupe frais et blond dans sa robe abrité;

Comme le nourrisson de la mère divine,
Par pitié, laissez-moi monter sur vos genoux,
Moi pauvre jeune fille, isolée, orpheline,
Qui n'ai d'espoir qu'en Dieu, qui n'ai d'espoir qu'en vous!

## A UNE JEUNE ITALIENNE

Février grelottait blanc de givre et de neige ;
La pluie, à flots soudains, fouettait l'angle des toits ;
Et déjà tu disais : — O mon Dieu ! quand pourrai-je
Aller cueillir enfin la violette au bois ?

Notre ciel est pleureur, et le printemps de France,
Frileux comme l'hiver, s'assied près des tisons ;
Paris est dans la boue au beau mois où Florence
Égrène ses trésors sous l'émail des gazons.

Vois, les arbres noircis contournent leurs squelettes ;
Ton âme s'est trompée à sa douce chaleur :
Tes yeux bleus sont encor les seules violettes,
Et le printemps ne rit que sur ta joue en fleur !

1843.

## A TROIS PAYSAGISTES

SALON DE 1839

C'est un bonheur pour nous, hommes de la critique,
Qui, le collier au cou, comme l'esclave antique,
Sans trêve et sans repos, dans le moulin banal
Tournons aveuglément la meule du journal,
Et qui vivons perdus dans un désert de plâtre,
N'ayant d'autre soleil qu'un lustre de théâtre,
Qu'un grand paysagiste, un poète inspiré,
Au feuillage abondant, au beau ciel azuré,
Déchire d'un rayon la nuit qui nous inonde
Et nous fasse un portrait de la beauté du monde,
Pour nous montrer qu'il est encor loin des cités,
Malgré les feuilletons, de sévères beautés
Que du livre de Dieu la main de l'homme efface ;
De l'air, de l'eau, du ciel, des arbres, de l'espace,
Et des prés de velours, qu'avril étoile encor
De paillettes d'argent et d'étincelles d'or
— Enfants déshérités, hélas! sans la peinture,
Nous pourrions oublier notre mère nature ;
Nous pourrions, assourdis du vain bourdonnement
Que fait la presse autour de tout évènement,
Le cœur envenimé de futiles querelles,

Perdre le saint amour des choses éternelles,
Et ne plus rien comprendre à l'antique beauté,
A la forme, manteau sur le monde jeté,
Comme autour d'une vierge une souple tunique,
Ne voilant qu'à demi sa nudité pudique !

Merci donc, ô vous tous, artistes souverains !
Amants des chênes verts et des rouges terrains,
Que Rome voit errer dans sa morne campagne,
Dessinant un arbuste, un profil de montagne,
Et qui nous rapportez la vie et le soleil
Dans vos toiles qu'échauffe un beau reflet vermeil !
Sans sortir, avec vous nous faisons des voyages,
Nous errons, à Paris, dans mille paysages ;
Nous nageons dans les flots de l'immuable azur,
Et vos tableaux, faisant une trouée au mur,
Sont pour nous comme autant de fenêtres ouvertes,
Par où nous regardons les grandes plaines vertes,
Les moissons d'or, le bois que l'automne a jauni,
Les horizons sans borne et le ciel infini !

Ainsi nous vous voyons, austères solitudes,
Où l'âme endort sa peine et ses inquiétudes !
*Grottes de Cervara*, que d'un pinceau certain
Creusa profondément le sévère Bertin,
Ainsi nous vous voyons avec vos blocs rougeâtres
Aux flancs tout lézardés, où les chèvres des pâtres
Se pendent à midi sous le soleil ardent,
Sans trouver un bourgeon à ronger de la dent,
Avec votre chemin poudroyant de lumière,
De son ruban crayeux rayant le sol de pierre,
Bien rarement foulé par le talon humain,
Et se perdant au fond parmi le champ romain.
— Les grands arbres fluets, au feuillé sobre et rare,

A peine noircissant leurs pieds d'une ombre avare,
Montent comme la flèche et vont baigner leur front
Dans la limpidité du ciel clair et profond;
Comme s'ils dédaignaient les plaisirs de la terre,
Pour cacher une nymphe ils manquent de mystère,
Leurs branches, laissant trop filtrer d'air et de jour,
Éloignent les désirs et les rêves d'amour;
Sous leur grêle ramure un maigre anachorète
Pourrait seul s'abriter et choisir sa retraite.

Nulle fleur n'adoucit cette sévérité;
Nul ton frais ne se mêle à la fauve clarté;
Des blessures du roc, ainsi que des vipères
Qui sortent à demi le corps de leurs repaires,
De pâles filaments d'un aspect vénéneux
S'allongent au soleil en enlaçant leurs nœuds;
Et l'oiseau pour sa soif n'a d'autre eau que les gouttes,—
Pleurs amers du rocher, — qui suintent des voûtes.
Cependant ce désert a de puissants attraits
Que n'ont point nos climats et nos sites plus frais,
Où l'ombrage est opaque, où dans des vagues d'herbes
Nagent à plein poitrail les génisses superbes:
C'est que l'œil éternel brille dans ce ciel bleu,
Et que l'homme est si loin qu'on se sent près de Dieu.

O mère du génie! ô divine nourrice!
Des grands cœurs méconnus pâle consolatrice,
Solitude! qui tends tes bras silencieux
Aux ennuyés du monde, aux aspirants des cieux.
Quand pourrai-je avec toi, comme le vieil ermite
Sur le livre pencher ma tête qui médite!

Plus loin c'est Aligny, qui le crayon en main,
Comme Ingres le ferait pour un profil humain,

Recherche l'idéal et la beauté d'un arbre,
Et cisèle au pinceau sa peinture de marbre.
Il sait, dans la prison d'un rigide contour,
Enfermer des flots d'air et des torrents de jour,
Et dans tous ses tableaux, fidèle au nom qu'il signe,
Sculpteur athénien, il caresse la ligne,
Et, comme Phidias le corps de sa Vénus,
Polit avec amour le flanc des rochers nus.

Voici la *Madeleine*. — Une dernière étoile
Luit comme une fleur d'or sur la céleste toile :
La grande repentie, au fond de son désert,
En extase, à genoux, écoute le concert
Que dès l'aube lui donne un orchestre angélique,
Avec le kinnar juif et le rebec gothique.
Un rayon curieux, perçant le dôme épais,
Où les petits oiseaux dorment encore en paix,
Allume une auréole aux blonds cheveux des anges,
Illuminés soudain de nuances étranges,
Tandis que leur tunique et le bout de leurs pieds
Dans l'ombre du matin sont encore noyés.

— Fauve et le teint hâlé comme Cérès la blonde,
La campagne de Rome, embrasée et féconde,
En sillons rutilants jusques à l'horizon
Roule l'océan d'or de sa riche *moisson*.
Comme d'un encensoir la vapeur embaumée,
Dans le lointain tournoie et monte une fumée,
Et le ciel est si clair, si cristallin, si pur,
Que l'on voit l'infini derrière son azur.
Au-devant, près d'un mur réticulaire, en briques,
Sont quelques laboureurs dans des poses antiques,
Avec leur chien couché, haletant de chaleur,
Cherchant contre le sol un reste de fraîcheur;

Un groupe simple et beau dans sa grâce tranquille,
Que Poussin avoûrait et qu'eût aimé Virgile.

Mais voici que le soir du haut des monts descend :
L'ombre devient plus grise et va s'élargissant ;
Le ciel vert a des tons de citron et d'orange.
Le couchant s'amincit et va plier sa frange,
La cigale se tait, et l'on n'entend de bruit
Que le soupir de l'eau qui se divise et fuit.
Sur le monde assoupi les heures taciturnes
Tordent leurs cheveux bruns mouillés des pleurs nocturnes
A peine reste-t-il assez de jour pour voir,
Corot, ton nom modeste écrit dans un coin noir.

Nous voici replongés dans la brume et la pluie,
Sur un pavé de boue et sous un ciel de suie,
Ne voyant plus, au lieu de ces beaux horizons,
Que des angles de murs ou des toits de maisons ;
Le vent pleure, la nuit s'étoile de lanternes,
Les ruisseaux miroitants lancent des reflets ternes,
Partout des bruits de char, des chants, des voix, des cris.
Blonde Italie, adieu ! — Nous sommes à Paris !

1839.

## FATUITÉ

Je suis jeune ; la pourpre en mes veines abonde ;
Mes cheveux sont de jais et mes regards de feu,
Et, sans gravier ni toux, ma poitrine profonde
Aspire à pleins poumons l'air du ciel, l'air de Dieu.

Aux vents capricieux qui soufflent de Bohême,
Sans les compter, je jette et mes nuits et mes jours,
Et, parmi les flacons, souvent l'aube au teint blême
M'a surpris dénouant un masque de velours.

Plus d'une m'a remis la clef d'or de son âme ;
Plus d'une m'a nommé son maître et son vainqueur,
J'aime, et parfois un ange avec un corps de femme
Le soir descend du ciel pour dormir sur mon cœur.

On sait mon nom ; ma vie est heureuse et facile ;
J'ai plusieurs ennemis et quelques envieux ;
Mais l'amitié chez moi toujours trouve un asile,
Et le bonheur d'autrui n'offense pas mes yeux.

1843

## LES MATELOTS.

Sur l'eau bleue et profonde
Nous allons voyageant,
Environnant le monde
D'un sillage d'argent,
Des îles de la Sonde,
De l'Inde au ciel brûlé,
Jusqu'au pôle gelé...

Les petites étoiles
Montrent de leur doigt d'or
De quel côté les voiles
Doivent prendre l'essor ;
Sur nos ailes de toiles,
Comme de blancs oiseaux,
Nous effleurons les eaux.

Nous pensons à la terre
Que nous fuyons toujours
A notre vieille mère,
A nos jeunes amours ;
Mais la vague légère
Avec son doux refrain
Endort notre chagrin.

Le laboureur déchire
Un sol avare et dur ;
L'éperon du navire
Ouvre nos champs d'azur,
Et la mer sait produire,
Sans peine ni travail,
La perle et le corail.

Existence sublime !
Bercés par notre nid,
Nous vivons sur l'abîme
Au sein de l'infini ;
Des flots rasant la cime,.
Dans le grand désert bleu
Nous marchons avec Dieu !

1841.

## LA FUITE

KADIDJA.

Au firmament sans étoile.
La lune éteint ses rayons ;
La nuit nous prête son voile ;
　　Fuyons! fuyons!

AHMED.

Ne crains-tu pas la colère
De tes frères insolents,
Le désespoir de ton père,
De ton père aux sourcils blancs ?

KADIDJA.

Que m'importent mépris, blâme,
Dangers, malédictions !
C'est dans toi que vit mon âme.
　　Fuyons! fuyons!

AHMED.

Le cœur me manque ; je tremble,
Et, dans mon sein traversé,
De leur kandjar il me semble
Sentir le contact glacé !

KADIDJA.

Née au désert, ma cavale
Sur les blés, dans les sillons,
Volerait, des vents rivale.
  Fuyons! fuyons!

AHMED.

Au désert infranchissable,
Sans parasol, pour jeter
Un peu d'ombre sur la table,
Sans tente pour m'abriter...

KADIDJA.

Mes cils te feront de l'ombre,
Et, la nuit, nous dormirons
Sous mes cheveux, tente sombre.
  Fuyons! fuyons!

AHMED.

Si le mirage illusoire
Nous cachait le vrai chemin,
Sans vivres, sans eau pour boire,
Tous deux nous mourrions demain.

KADIDJA.

Sous le bonheur mon cœur ploie;
Si l'eau manque aux stations,
Bois les larmes de ma joie.
  Fuyons! fuyons!

1845.

## GAZHEL

Dans le bain, sur les dalles,
A mon pied négligent
J'aime à voir des sandales
De cuir jaune et d'argent.
En quittant ma baignoire,
Il me plaît qu'une noire
Fasse mordre à l'ivoire
Mes cheveux, manteau brun,
Et, versant l'eau de rose,
Sur mon sein qu'elle arrose,
Comme l'aube et la rose,
Mêle perle et parfum.

J'aime aussi l'odeur fine
De la fleur des Houris;
Sur un plat de la Chine
Des sorbets d'ambre gris,
L'opium, ciel liquide,
Poison doux et perfide,
Qui remplit l'âme vide
D'un bonheur étoilé :
Et, sur l'eau qui réplique,
Un doux bruit de musique

S'échappant d'un caïque
De falots constellé.

J'aime un fez écarlate
De sequins bruissant,
Où partout l'or éclate,
Où reluit le croissant.
L'arbre en fleur où se pose
L'oiseau cher à la rose,
La fontaine où l'eau cause,
Tout me plaît tour à tour ;
Mais, au ciel et sur terre,
Le trésor que préfère
Mon cœur jeune et sincère,
C'est amour pour amour !

1845

## DANS UN BAISER, L'ONDE.....

Dans un baiser, l'onde au rivage
    Dit ses douleurs;
Pour consoler la fleur sauvage,
    L'aube a des pleurs;
Le vent du soir conte sa plainte
    Au vieux cyprès,
La tourterelle au térébinthe
    Ses longs regrets.

Aux flots dormants, quand tout repose,
    Hors la douleur,
La lune parle, et dit la cause
    De sa pâleur.
Ton dôme blanc, Sainte-Sophie,
    Parle au ciel bleu,
Et, tout rêveur, le ciel confie
    Son rêve à Dieu.

Arbre ou tombeau, colombe ou rose,
    Onde ou rocher,
Tout, ici-bas, a quelque chose
    Pour s'épancher...

Moi, je suis seule, et rien au monde
　　Ne me répond,
Rien que ta voix morne et profonde,
　　Sombre Hellespont!

1845.

## SULTAN MAHMOUD

Dans mon harem se groupe,
    Comme un bouquet
Débordant d'une coupe
    Sur un banquet,
Tout ce que cherche ou rêve,
    D'opium usé,
En son ennui sans trêve,
    Un cœur blasé,

Mais tous ces corps sans âmes
    Plaisent un jour.
Hélas! j'ai six cents femmes,
    Et pas d'amour!

La biche et l'antilope,
    J'ai tout ici,
Asie, Afrique, Europe,
    En raccourci;
Teint vermeil, teint d'orange,
    Œil noir ou bleu,
Le charmant et l'étrange,
    De tout un peu;

Mais tous ces corps sans âmes
    Plaisent un jour...
Hélas! j'ai six cents femmes,
    Et pas d'amour!

Ni la vierge de Grèce,
    Marbre vivant;
Ni la fauve négresse,
    Toujours rêvant;
Ni la vive Française,
    A l'air vainqueur;
Ni la plaintive Anglaise,
    N'ont pris mon cœur!

Tous ces beaux corps sans âmes
    Plaisent un jour...
Hélas! j'ai six cents femmes,
    Et pas d'amour!

1845.

## LE PUITS MYSTÉRIEUX

A travers la forêt de folles arabesques
Que le doigt du sommeil trace au mur de mes nuits,
Je vis, comme l'on voit les Fortunes des fresques,
Un jeune homme penché sur la bouche d'un puits.

Il jetait, par grands tas, dans cette gueule noire
Perles et diamants, rubis et sequins d'or,
Pour faire arriver l'eau jusqu'à sa lèvre, et boire;
Mais le flot flagellé ne montait pas encor.

Hélas! que d'imprudents s'en vont aux puits sans corde,
Sans urne pour puiser le cristal souterrain,
Enfouir leur trésor afin que l'eau déborde,
Comme fit le corbeau dans le vase d'airain!

Hélas! et qui n'a pas, épris de quelque femme,
Pour faire monter l'eau du divin sentiment,
Jeté l'or de son cœur au puits sans fond d'une âme,
Sur l'abime muet penché stupidement!

1840.

## L'ESCLAVE.

Captive et peut-être oubliée,
Je songe à mes jeunes amours,
   A mes beaux jours,
Et par la fenêtre grillée
Je regarde l'oiseau joyeux,
   Fendant les cieux.

Douce et pâle consolatrice,
Espérance, rayon d'en haut,
   Dans mon cachot,
Fais-moi, sous ta clarté propice,
A ton miroir faux et charmant
   Voir mon amant !

Auprès de lui, belle Espérance,
Porte-moi sur tes ailes d'or,
   S'il m'aime encor,
Et, pour endormir ma souffrance,
Suspends mon âme sur son cœur
   Comme une fleur !

1840.

## LES TACHES JAUNES

Seul, le coude dans la plume,
J'ai froissé jusqu'au matin
Les feuillets d'un gros volume
Plein de grec et de latin.

Car nulle étroite pantoufle
Ne traîne au pied de mon lit,
Et mon chevet n'a qu'un souffle
Sous ma lampe qui pâlit.

Cependant des meurtrissures
Marbrent mon corps, que n'a pas
Tatoué de ses morsures
Un vampire aux blancs appas.

S'il faut croire un conte sombre,
Les morts aimés autrefois
Nous marquent ainsi, dans l'ombre,
Du sceau de leurs baisers froids.

A leurs places, dans nos couches,
Ils s'allongent sous les draps,

Et signent avec leurs bouches
Leur visite sur nos bras.

Seule, une de mes aimées,
Dans son lit noirâtre et frais,
Dort les paupières fermées
Pour ne les rouvrir jamais.

— Soulevant de ta main frêle
Le couvercle du cercueil,
Est-ce toi, dis, pauvre belle,
Qui, la nuit, franchis mon seuil

Toi qui, par un soir de fête,
A la fin d'un carnaval,
Laissas choir, pâle et muette,
Ton masque et tes fleurs de bal?

O mon amour la plus tendre,
De ce ciel où je te crois,
Reviendrais-tu pour me rendre
Les baisers que tu me dois?

1844.

## L'ONDINE ET LE PÊCHEUR

Tous les jours, écartant les roseaux et les branches,
Près du fleuve où j'habite un pêcheur vient s'asseoir,
— Car sous l'onde il a vu glisser des formes blanches, —
Et reste là rêveur, du matin jusqu'au soir.

L'air frémit, l'eau soupire et semble avoir une âme ;
Un œil bleu s'ouvre et brille au cœur des nénufars ;
Un poisson se transforme et prend un corps de femme,
Et des bras amoureux, et de charmants regards.

« Pêcheur, suis-moi ; je t'aime.
Tu seras roi des eaux,
Avec un diadème
D'iris et de roseaux !

Perçant sous l'eau dormante,
Des joncs la verte mante,
Auprès de ton amante
Plonge sans t'effrayer :

A l'autel de rocailles,
Prêt pour nos fiançailles,

Un prêtre à mains d'écailles
Viendra nous marier.

Pêcheur, suis-moi; je t'aime.
Tu seras roi des eaux,
Avec un diadème
D'iris et de roseaux! »

Et déjà le pêcheur a mis le pied dans l'onde
Pour suivre le fantôme au regard fascinant :
L'eau murmure, bouillonne et devient plus profonde,
   Et sur lui se ferme en tournant...

« De ma bouche bleuâtre,
Viens, je veux t'embrasser,
Et de mes bras d'albâtre
   T'enlacer,
   Te bercer,
   Te presser!

Sous les eaux, de sa flamme
L'amour sait m'embraser.
Je veux, buvant ton âme,
   D'un baiser
   M'apaiser,
   T'épuiser!... »

1841.

## J'AI TOUT DONNÉ POUR RIEN.

Or çà, la belle fille,
Ouvrez cette mantille,
C'est trop de cruauté;
Faites-nous cette joie
Que pleinement on voie
Toute votre beauté.

Apprenez-le, mignonne,
Quand le bon Dieu vous donne
Un corps aussi parfait,
C'est afin qu'on le sache,
Et c'est péché qu'on cache
Le présent qu'il a fait.

Aime-moi, je suis riche
Comme un joueur qui triche,
Comme un juif usurier :
On peut m'aimer sans honte,
La couronne de comte
Rayonne à mon cimier.

Je suis, comme doit faire
Tout fils de noble père,

Les usages anciens :
On m'encense à ma place,
Mon prêtre, avant la chasse,
Dit la messe à mes chiens.

J'ai de beaux équipages,
Des valets et des pages
A n'en savoir le nom :
J'ai des vassaux sans nombre
Qui vont baisant mon ombre
Et portent mon pennon.

Soupèse un peu, la belle,
Cette lourde escarcelle,
Hé bien, elle est à toi !
Je veux que ma maîtresse
Fasse envie, en richesse,
A la femme d'un roi.

Tu rejettes mes offres?
Allons, vide tes coffres,
Argentier de Satan !
Fais vite, ou je dépêche,
Juif, ta carcasse sèche
Au diable qui l'attend.

Des robes qu'on déploie,
De velours ou de soie,
Quelle est celle à ton goût?
Ces riches pendeloques,
Qu'entre les doigts tu choques,
Prends, je te donne tout :

Colliers, dont chaque maille,
De cent couleurs s'émaille,

Magnifiques habits,
Beaux satins, fines toiles,
Brocarts semés d'étoiles,
Diamants et rubis !

Oui, pour t'avoir, la belle,
Si tu fais la rebelle,
J'engagerais mon bien...
— Merci, mon gentilhomme,
Reprenez votre somme,
J'ai tout donné pour rien.

1833.

## A DES AMIS QUI PARTAIENT

### SONNET

Vous partez, chers amis ; la brise ride l'onde,
Un beau reflet ambré dore le front du jour ;
Comme un sein virginal sous un baiser d'amour,
La voile sous le vent palpite et se fait ronde.

Une écume d'argent brode la vague blonde,
La rive fuit. — Voici Mante et sa double tour,
Puis cent autres clochers qui filent tour à tour ;
Puis Rouen la gothique et l'Océan qui gronde.

Au dos du vieux lion, terreur des matelots,
Vous allez confier votre barque fragile,
Et flatter de la main sa crinière de flots.

Horace fit une ode au vaisseau de Virgile :
Moi, j'implore pour vous, dans ces quatorze vers,
Les faveurs de Thétis, la déesse aux yeux verts.

1842.

## AMBITION

#### SONNET

Poëte, dans les cœurs mettre un écho sonore,
Remuer une foule avec ses passions.
Écrire sur l'airain ses moindres actions,
Faire luire son nom sur tous ceux qu'on adore;

Courir en quatre pas du couchant à l'aurore,
Avoir un peuple fait de trente nations,
Voir la terre manquer à ses ambitions,
Être Napoléon, être plus grand encore!

Que sais-je? être Shakspeare, être Dante, être Dieu!
Quand on est tout cela, tout cela, c'est bien peu :
Le monde est plein de vous, le vide est dans votre âme...

Mais qui donc comblera l'abîme de ton cœur?
Que veux-tu qu'on y jette, ô poëte! ô vainqueur?
— Un mot d'amour tombé d'une bouche de femme!

1844.

# ESPAÑA

**1845**

# ESPAÑA

1845

---

### DÉPART

Avant d'abandonner à tout jamais ce globe,
Pour aller voir là-haut ce que Dieu nous dérobe,
Et de faire à mon tour au pays inconnu
Ce voyage dont nul n'est encor revenu,
J'ai voulu visiter les cités et les hommes,
Et connaître l'aspect de ce monde où nous sommes.
Depuis mes jeunes ans d'un grand désir épris,
J'étouffais à l'étroit dans ce vaste Paris;
Une voix me parlait et me disait : — « C'est l'heure;
« Va, déracine-toi du seuil de ta demeure,
« L'arbre pris par le pied, le minéral pesant,
« Sont jaloux de l'oiseau, sont jaloux du passant;
« Et puisque Dieu t'a fait de nature mobile,
« Qu'il t'a donné la vie, et le sang et la bile,
« Pourquoi donc végéter et te cristalliser
« A regarder les jours sous ton arche passer?

« Il est au monde, il est des spectacles sublimes,
« Des royaumes qu'on voit en gravissant les cimes,
« De noirs Escurials, mystérieux granits,
« Et de bleus océans, visibles infinis.
« Donc, sans t'en rapporter à son image ronde,
« Par toi-même connais la figure du monde. »
Tout bas à mon oreille ainsi la voix chantait,
Et le désir ému dans mon cœur palpitait.

Comme au jour du départ on voit parmi les nues
Tournoyer et crier une troupe de grues,
Mes rêves palpitants, prêts à prendre leur vol,
Tournoyaient dans les airs et dédaignaient le sol;
Au colombier, le soir, ils rentraient à grand'peine,
Et, des hôtes pensifs qui hantent l'âme humaine,
Il ne s'asseyait plus à mon triste foyer
Que l'ennui, ce fâcheux qu'on ne peut renvoyer !

L'amour aux longs tourments, aux plaisirs éphémères,
L'art et la fantaisie aux fertiles chimères,
L'entretien des amis et les chers compagnons
Intimes dont souvent on ignore les noms,
La famille sincère où l'âme se repose,
Ne pouvaient plus suffire à mon esprit morose ;
Et sur l'âpre rocher où descend le vautour
Je me rongeais le foie en attendant le jour.
Je sentais le désir d'être absent de moi-même ;
Loin de ceux que je hais et loin de ceux que j'aime,
Sur une terre vierge et sous un ciel nouveau,
Je voulais écouter mon cœur et mon cerveau,
Et savoir, fatigué de stériles études,
Quels baumes contenait l'urne des solitudes,
Quels mots balbutiait avec ses bruits confus,
Dans la rumeur des flots et des arbres touffus,

La nature, ce livre où la plume divine
Écrit le grand secret que nul œil ne devine !

Je suis parti, laissant sur le seuil inquiet,
Comme un manteau trop vieux que l'on quitte à regret
Cette lente moitié de la nature humaine,
L'habitude au pied sûr qui toujours y ramène,
Les pâles visions, compagnes de mes nuits,
Mes travaux, mes amours et tous mes chers ennuis.
La poitrine oppressée et les yeux tout humides,
Avant d'être emporté par les chevaux rapides,
J'ai retourné la tête à l'angle du chemin,
Et j'ai vu, me faisant des signes de la main,
Comme un groupe plaintif d'amantes délaissées,
Sur la porte debout ma vie et mes pensées.
Hélas ! que vais-je faire et que vais-je chercher ?
L'horizon charme l'œil : à quoi bon le toucher ?
Pourquoi d'un pied réel fouler les blondes grèves
Et les rivages d'or de l'univers des rêves ?
Poëte, tu sais bien que la réalité
A besoin, pour couvrir sa triste nudité,
Du manteau que lui file à son rouet d'ivoire
L'imagination, menteuse qu'il faut croire ;
Que tout homme en son cœur porte son Chanaan,
Et son Eldorado par delà l'Océan.
N'as-tu pas dans tes mains assez crevé de bulles,
De rêves gonflés d'air et d'espoirs ridicules ?
Plongeur, n'as-tu pas vu sous l'eau du lac d'azur
Les reptiles grouiller dans le limon impur ?
L'objet le plus hideux, que le lointain estompe,
Prend une belle forme où le regard se trompe.
Le mont chauve et pelé doit à l'éloignement
Les changeantes couleurs de son beau vêtement ;
Approchez, ce n'est plus que rocs noirs et difformes,

Escarpements abrupts, entassements énormes,
Sapins échevelés, broussailles aux poils roux,
Gouffres vertigineux et torrents en courroux.
Je le sais, je le sais. Déception amère !
Hélas ! j'ai trop souvent pris au vol ma chimère !
Je connais quels replis terminent ces beaux corps,
Et la sirène peut m'étaler ses trésors :
A travers sa beauté je vois, sous les eaux noires,
Frétiller vaguement sa queue et ses nageoires.
Aussi ne vais-je pas, de vains mots ébloui,
Chercher sous d'autres cieux mon rêve épanoui ;
Je ne crois pas trouver devant moi, toutes faites,
Au coin des carrefours les strophes des poëtes,
Ni pouvoir en passant cueillir à pleines mains
Les fleurs de l'idéal aux chardons des chemins.
Mais je suis curieux d'essayer de l'absence,
Et de voir ce que peut cette sourde puissance ;
Je veux savoir quel temps, sans être enseveli,
Je flotterai sur l'eau qui ne garde aucun pli,
Et dans combien de jours, comme un peu de fumée,
Des cœurs éteints s'envole une mémoire aimée.

Le voyage est un maître aux préceptes amers ;
Il vous montre l'oubli dans les cœurs les plus chers,
Et vous prouve, — ô misère et tristesse suprême ! —
Qu'ingrat à votre tour, vous oubliez vous-même !
Pauvre atome perdu, point dans l'immensité,
Vous apprenez ainsi votre inutilité.
Votre départ n'a rien dérangé dans le monde ;
Déjà votre sillon s'est refermé sur l'onde.
Oublié par les uns, aux autres inconnu,
Dans des lieux où jamais votre nom n'est venu,
Parmi des yeux distraits et des visages mornes.
Vous allez sur la terre et sur la mer sans bornes.

Par l'absence à la mort vous vous accoutumez.
Cependant l'araignée à vos volets fermés
Suspend sa toile ronde, et la maison déserte
Semble n'avoir plus d'âme et pleurer votre perte,
Et le chien qui s'ennuie et voudrait vous revoir
Au détour du chemin va hurler chaque soir.

1841.

## LE PIN DES LANDES

On ne voit en passant par les Landes désertes,
Vrai Saharah français, poudré de sable blanc,
Surgir de l'herbe sèche et des flaques d'eaux vertes
D'autre arbre que le pin avec sa plaie au flanc;

Car, pour lui dérober ses larmes de résine,
L'homme, avare bourreau de la création,
Qui ne vit qu'aux dépens de ceux qu'il assassine,
Dans son tronc douloureux ouvre un large sillon!

Sans regretter son sang qui coule goutte à goutte,
Le pin verse son baume et sa séve qui bout,
Et se tient toujours droit sur le bord de la route,
Comme un soldat blessé qui veut mourir debout.

Le poëte est ainsi dans les Landes du monde;
Lorsqu'il est sans blessure, il garde son trésor.
Il faut qu'il ait au cœur une entaille profonde
Pour épancher ses vers, divines larmes d'or!

1840.

## L'HORLOGE

Vulnerant omnes, ultima necat.

La voiture fit halte à l'église d'Urrugne,
Nom rauque, dont le son à la rime répugne,
Mais qui n'en est pas moins un village charmant,
Sur un sol montueux perché bizarrement.
C'est un bâtiment pauvre, en grosses pierres grises,
Sans archanges sculptés, sans nervures ni frises,
Qui n'a pour ornement que le fer de sa croix,
Une horloge rustique et son cadran de bois,
Dont les chiffres romains, épongés par la pluie,
Ont coulé sur le fond que nul pinceau n'essuie.
Mais sur l'humble cadran regardé par hasard,
Comme les mots de flamme aux murs de Balthazar,
Comme l'inscription de la porte maudite,
En caractères noirs une phrase est écrite;
Quatre mots solennels, quatre mots de latin,
Où tout homme en passant peut lire son destin :
« Chaque heure fait sa plaie et la dernière achève! »

Oui, c'est bien vrai, la vie est un combat sans trêve,
Un combat inégal contre un lutteur caché;
Qui d'aucun de nos coups ne peut-être touché;

Et dans nos cœurs criblés, comme dans une cible,
Tremblent les traits lancés par l'archer invisible.
Nous sommes condamnés, nous devons tous périr;
Naitre, c'est seulement commencer à mourir,
Et l'enfant, hier encor chérubin chez les anges,
Par le ver du linceul est piqué sous ses langes.
Le disque de l'horloge est le champ du combat,
Où la Mort de sa faux par milliers nous abat;
La Mort, rude joûteur qui suffit pour défendre
L'éternité de Dieu, qu'on voudrait bien lui prendre.
Sur le grand cheval pâle, entrevu par saint Jean,
Les Heures, sans repos, parcourent le cadran;
Comme ces inconnus des chants du moyen âge,
Leurs casques sont fermés sur leur sombre visage,
Et leurs armes d'acier deviennent tour à tour
Noires comme la nuit, blanches comme le jour.
Chaque sœur à l'appel de la cloche s'élance,
Prend aussitôt l'aiguille ouvrée en fer de lance,
Et toutes, sans pitié, nous piquent en passant,
Pour nous tirer du cœur une perle de sang,
Jusqu'au jour d'épouvante où paraît la dernière
Avec le sablier et la noire bannière;
Celle qu'on n'attend pas, celle qui vient toujours,
Et qui se met en marche au premier de vos jours!
Elle va droit à vous, et, d'une main trop sûre,
Vous porte dans le flanc la suprême blessure,
Et remonte à cheval, après avoir jeté
Le cadavre au néant, l'âme à l'éternité!

Urrugne, 1841.

## A LA BIDASSOA.....

A la Bidassoa, près d'entrer en Espagne,
Je descendis, voulant regarder la campagne,
Et l'île des Faisans, et l'étrange horizon,
Pendant qu'on nous timbrait d'un nouvel écusson.
Et je vis, en errant à travers le village,
Un homme qui mettait des balles hors d'usage,
Avec un gros marteau, sur un quartier de grès,
Pour en faire du plomb et le revendre après.
Car la guerre a versé sur ces terres fatales
De son urne d'airain une grêle de balles,
Une grêle de mort que nul soleil ne fond.
Hélas! ce que Dieu fait, les hommes le défont!
Sur un sol qui n'attend qu'une bonne semaille
De leurs sanglantes mains ils sèment la mitraille!
Aussi les laboureurs vendent, au lieu de blé,
Des boulets recueillis dans leur champ constellé.
Mais du ciel épuré descend la Paix sereine,
Qui répand de sa corne une meilleure graine,
Fait taire les canons à ses pieds accroupis,
Et presse sur son cœur une gerbe d'épis.

Behobie, 1840.

## SAINTE CASILDA

#### SONNET

A Burgos, dans un coin de l'église déserte,
Un tableau me surprit par son effet puissant :
Un ange, pâle et fier, d'un ciel fauve descend,
A sainte Casilda portant la palme verte.

Pour l'œuvre des bourreaux la vierge découverte
Montre sur sa poitrine, albâtre éblouissant,
A la place des seins, deux ronds couleur de sang,
Distillant un rubis par chaque veine ouverte.

Et les seins déjà morts, beaux lis coupés en fleur,
Blancs comme les morceaux d'une Vénus de marbre,
Dans un bassin d'argent gisent au pied d'un arbre.

Mais la sainte en extase, oubliant sa douleur,
Comme aux bras d'un amant, de volupté se pâme,
Car aux lèvres du Christ elle suspend son âme !

Burgos.

## EN ALLANT A LA CHARTREUSE DE MIRAFLORES

Oui, c'est une montée âpre, longue et poudreuse,
Un revers décharné, vrai site de Chartreuse.
Les pierres du chemin, qui croulent sous les pieds,
Trompent à chaque instant les pas mal appuyés.
Pas un brin d'herbe vert, pas une teinte fraîche ;
On ne voit que des murs bâtis en pierre sèche,
Des groupes contrefaits d'oliviers rabougris,
Au feuillage malsain couleur de vert-de-gris,
Des pentes au soleil, que nulle fleur n'égaie,
Des roches de granit et des ravins de craie,
Et l'on se sent le cœur de tristesse serré...
Mais, quand on est en haut, coup d'œil inespéré !
L'on aperçoit là-bas, dans le bleu de la plaine,
L'église où dort le Cid près de doña Chimène !

Cartuja de Miraflores, 1841.

## LA FONTAINE DU CIMETIÈRE

A la morne Chartreuse, entre des murs de pierre,
En place du jardin l'on voit un cimetière,
Un cimetière nu comme un sillon fauché,
Sans croix, sans monument, sans tertre qui se hausse :
L'oubli couvre le nom, l'herbe couvre la fosse;
La mère ignorerait où son fils est couché.

Les végétations maladives du cloître
Seules sur ce terrain peuvent germer et croître,
Dans l'humidité froide à l'ombre des longs murs;
Des morts abandonnés douces consolatrices,
Les fleurs n'oseraient pas incliner leurs calices
Sur le vague tombeau de ces dormeurs obscurs.

Au milieu, deux cyprès à la noire verdure
Profilent tristement leur silhouette dure,
Longs soupirs de feuillage élancés vers les cieux,
Pendant que du bassin d'une avare fontaine
Tombe en frange effilée une nappe incertaine,
Comme des pleurs furtifs qui débordent des yeux.

Par les saints ossements des vieux moines filtrée,
L'eau coule à flots si clairs dans la vasque éplorée,

Que pour en boire un peu je m'approchai du bord...
Dans le cristal glacé quand je trempai ma lèvre,
Je me sentis saisi par un frisson de fièvre :
Cette eau de diamant avait un goût de mort !

Cartuja de Miraflores, 1841.

## LE CID ET LE JUIF

#### IMITÉ DE SEPULVEDA

Le Cid, ce gagneur de batailles,
Ce géant plus grand que nos tailles,
A San-Pedro de Cardena,
— Don Alfonse ainsi l'ordonna, —
Conservé par un puissant baume,
Bardé de fer, coiffé du heaume,
Repose en un riche tombeau,
Ayant pour siége un escabeau;
Sur sa cuirasse, en nappe blanche,
Sa barbe de neige s'épanche
Avec ampleur et majesté.
Pour le défendre, à son côté
Pend Tisona, sa bonne épée,
Au sang more et chrétien trempée.
A le voir assis, quoique mort,
On dirait d'un vivant qui dort.
Depuis sept ans dans cette pose,
De ses exploits il se repose;

Et pour voir son corps vénéré,
Tous les ans, au jour consacré,
A San-Pedro la foule abonde.
— Une fois, que la nef profonde
Était déserte, et qu'au saint lieu
Le Cid, resté seul avec Dieu,
Rêvait dans son tombeau sans garde,
Un juif arrive et le regarde,
Et parlant en soi-même ainsi,
Il se dit tout pensif : « Ceci
Est le corps du Cid, du grand homme,
Du vainqueur que partout on nomme !
On m'a raconté bien souvent
Que nul n'eût osé lui vivant,
Se risquer dans cette entreprise
De toucher à sa barbe grise.
Maintenant, il gît morne et froid ;
Son bras, qui répandait l'effroi,
La mort le désarme et l'attache :
Je vais lui toucher la moustache,
Nous verrons s'il se fâchera
Et quelle mine il nous fera ;
Le monde est loin, rien ne m'empêche
De tirer à moi cette mèche. »
— Afin d'accomplir son dessein,
Le juif sordide étend la main...
Mais, avant que la barbe sainte
Par ses doigts crochus soit atteinte,
Le noble époux de Ximena,
A plein poing prenant Tisona.
Sort du fourreau deux pieds de lame...
Le juif, l'épouvante dans l'âme,
Tombe le front sur le pavé,
Et, par les moines relevé,

Raconte l'aventure étrange;
Puis de religion il change,
Et sous le nom de Diego Gil
Entre au couvent. — Ainsi soit-il.

San-Pedro de Cardeno, 1843.

# EN PASSANT A VERGARA

*No vaya usted a ver eso, que le dara gana de vomitar.*

Nous avions avec nous une jeune Espagnole,
A l'allure hardie, à la toilette folle,
Au grand front éclatant comme un marbre poli,
Où la réflexion n'a jamais fait un pli,
Encadré de cheveux qui venaient en désordre
Sur un col satiné nonchalamment se tordre ;
Des sourcils de velours avec de grands yeux noirs,
Renvoyant des éclairs comme un piége à miroirs ;
Un rire éblouissant, épanoui, sonore,
Belle fleur de gaîté qu'un seul mot fait éclore ;
Des dents de jeune loup, pures comme du lait,
Dont l'émail insolent sans trêve étincelait ;
Une taille cambrée en cavale andalouse ;
Des pieds mignons à rendre une reine jalouse ;
Et puis sur tout cela je ne sais quoi de fou,
Des mouvements d'oiseau dans les poses du cou,
De petits airs penchés, des tournures de hanches,
De certaines façons de porter ses mains blanches,
Comme dans les tableaux où le vieux Zurbaran,
Sous le nom d'une sainte, en habit sévillan,

Représente une dame avec des pendeloques,
Des plumes, du clinquant et des modes baroques.

Or, pendant que j'errais dans la vaste fonda,
Attendant qu'on servît *la olla podrida*,
Et que je regardais, ardent à tout connaître,
La cage du grillon pendue à la fenêtre,
Un mort passa, — partant pour le royaume noir,
Et comme je voulais descendre pour le voir
(Car sur le front des morts le rêveur cherche à lire
Ce terrible secret qu'aucun d'eux n'a pu dire),
L'Espagnole, posant ses doigts blancs sur mon bras,
Me retint et me dit : — Oh! ne descendez pas,
Cela vous donnerait, à coup sûr, la nausée! —
Elle jeta ces mots vaguement, sans pensée,
De cet air de dégoût mêlé d'un peu d'effroi
Qu'on aurait en parlant d'un reptile au corps froid.

Ce spectacle, effrayant pour le héros lui-même,
Qui fait pâlir encor le front du chartreux blême
Après vingt ans de jeûne et d'angoisses passés,
Un crâne sous la main, entre des murs glacés,
La mort n'a donc pour toi ni leçon ni tristesse?
Et parce que tu bois le vin de ta jeunesse,
Que tes cheveux sont noirs et tes regards ardents,
Qu'il n'est pas une tache aux perles de tes dents,
Tu crois vivre toujours, sans qu'à ton front splendide
Le temps avec son ongle ose écrire une ride?
Et tu méprises fort, dans ton éclat vermeil,
Le cadavre au teint vert qui dort le grand sommeil?
Et pourtant ce débris fut le temple d'une âme;
Ce néant a vécu; cette lampe sans flamme,
Que la bouche inconnue a soufflée en passant,
Naguère eut le rayon qui t'éclaire à présent. —

Sans doute ; mais pourquoi plonger dans ces mystères!
Laissons rêver les morts dans leurs lits solitaires,
En conversation avec le ver impur !
A nous la vie, à nous le soleil et l'azur,
A nous tout ce qui chante, à nous tout ce qui brille,
Les courses de taureaux dans Madrid ou Séville,
Les pesants picadors et les légers chulos,
Les mules secouant leurs grappes de grelots,
Les chevaux éventrés, et le taureau qui râle
Fondant, l'épée au cou, sur le matador pâle !
A nous la castagnette, à nous le pandéro,
La cachucha lascive et le gai boléro ;
Le jeu de l'éventail, le soir, aux promenades,
Et sous le balcon d'or les molles sérénades !
Les vivants sont charmants et les morts sont affreux. —
Oui ; — mais le ver un jour rongera ton œil creux,
Et comme un fruit gâté, superbe créature,
Ton beau corps ne sera que cendre et pourriture ;
Et le mort outragé, se levant à demi,
Dira, le regard lourd d'avoir longtemps dormi :
— Dédaigneuse! à ton tour tu donnes la nausée,
Ta figure est déjà bleue et décomposée,
Tes parfums sont changés en fétides odeurs,
Et tu n'es qu'un ramas d'effroyables laideurs !

Vergara, 1841.

## LES YEUX BLEUS DE LA MONTAGNE

On trouve dans les monts des lacs de quelques toises,
Purs comme des cristaux, bleus comme des turquoises,
Joyaux tombés du doigt de l'ange Ithuriel,
Où, le chamois craintif, lorsqu'il vient pour y boire,
S'imagine, trompé par l'optique illusoire,
      Laper l'azur du ciel.

Ces limpides bassins, quand le jour s'y reflète,
Ont comme la prunelle une humide paillette ;
Et ce sont les yeux bleus, au regard calme et doux,
Par lesquels la montagne en extase contemple,
Forgeant quelque soleil dans le fond de son temple,
      Dieu, l'ouvrier jaloux !

Guadarrama, 1840.

## LA PETITE FLEUR ROSE

Du haut de la montagne,
Près de Guadarrama,
On découvre l'Espagne
Comme un panorama.

A l'horizon sans borne,
Le grave Escurial
Lève son dôme morne,
Noir de l'ennui royal;

Et l'on voit dans l'estompe
Du brouillard cotonneux,
Si loin que l'œil s'y trompe,
Madrid, point lumineux!

La montagne est si haute,
Que ses flancs de granit
N'ont que l'aigle pour hôte,
Pour maison que son nid;

Car l'hiver pâle assiége
Les pics étincelants,
Tout argentés de neige,
Comme des vieillards blancs.

J'aime leur crête pure,
Même aux tièdes saisons
D'une froide guipure
Bordant les horizons;

Les nuages sublimes,
Ainsi que d'un turban
Chaperonnant leurs cimes
De pluie et d'ouragan;

Le pin, dont les racines,
Comme de fortes mains,
Déchirent les ravines
Sur le flanc des chemins,

Et l'eau diamantée
Qui, sous l'herbe courant,
D'un caillou tourmentée,
Chuchote un nom bien grand!

Mais, avant toute chose,
J'aime, au cœur du rocher,
La petite fleur rose,
La fleur qu'il faut chercher!

Guadarrama, 1840.

## A MADRID

Dans le boudoir ambré d'une eune marquise,
Grande d'Espagne, belle, et d'une grâce exquise,
Au milieu de la table, à la place des fleurs,
Frais groupe mariant et parfums et couleurs,
Grimaçait sur un plat une tête coupée,
Sculptée en bois et peinte, et dans le sang trempée,
Le front humide encor des suprêmes sueurs,
L'œil vitreux et blanchi de ces pâles lueurs
Dont la lampe de l'âme en s'éteignant scintille;
Chef-d'œuvre affreux, signé Montañès de Séville,
D'une vérité telle et d'un si fin travail,
Qu'un bourreau n'aurait su reprendre un seul détail.

La marquise disait : — Voyez donc quel artiste!
Nul sculpteur n'a jamais fait les saint Jean-Baptiste
Et rendu les effets du damas sur un col
Comme ce Sévillan, Michel-Ange espagnol!
Quelle imitation dans ces veines tranchées,
Où le sang perle encore en gouttes mal séchées!
Et comme dans la bouche on sent le dernier cri
Sous le fer jaillissant de ce gosier tari! —

En me disant cela d'une voix claire et douce,
Sur l'atroce sculpture elle passait son pouce,
Coquette, souriant d'un sourire charmant,
L'œil humide et lustré comme pour un amant.

Madrid, 1843.

## SÉGUIDILLE

Un jupon serré sur les hanches,
Un peigne énorme à son chignon
Jambe nerveuse et pied mignon.
Œil de feu, teint pâle et dents blanches;
  Alza! olà!
   Voilà
  La véritable Manola.

Gestes hardis, libre parole,
Sel et piment à pleine main,
Oubli parfait du lendemain,
Amour fantasque et grâce folle;
  Alza! olà!
   Voilà
  La véritable Manola.

Chanter, danser aux castagnettes,
Et, dans les courses de taureaux,
Juger les coups des toreros,
Tout en fumant des cigarettes;
  Alza! olà!
   Voilà
  La véritable Manola.

1843.

## SUR LE PROMÉTHÉE DU MUSÉE DE MADRID

SONNET

Hélas ! il est cloué sur les croix du Caucase,
Le Titan qui, pour nous, dévalisa les cieux !
Du haut de son calvaire il insulte les dieux,
Raillant l'Olympien dont la foudre l'écrase.

Mais du moins, vers le soir, s'accoudant à la base
Du rocher où se tord le grand audacieux,
Les nymphes de la mer, des larmes dans les yeux,
Échangent avec lui quelque plaintive phrase.

Toi, cruel Ribeira, plus dur que Jupiter,
Tu fais de ses flancs creux, par d'affreuses entailles,
Couler à flots de sang des cascades d'entrailles !

Et tu chasses le chœur des filles de la mer ;
Et tu laisses hurler, seul dans l'ombre profonde,
Le sublime voleur de la flamme féconde !

Madrid, 1843.

## RIBEIRA

Il est des cœurs épris du triste amour du laid.
Tu fus un de ceux-là, peintre à la rude brosse
Que Naple a salué du nom d'Espagnolet.

Rien ne put amollir ton âpreté féroce,
Et le splendide azur du ciel italien
N'a laissé nul reflet dans ta peinture atroce.

Chez toi, l'on voit toujours le noir Valencien,
Paysan hasardeux, mendiant équivoque,
More que le baptême à peine a fait chrétien.

Comme un autre le beau, tu cherches ce qui choque :
Les martyrs, les bourreaux, les gitanos, les gueux,
Étalant un ulcère à côté d'une loque ;

Les vieux au chef branlant, au cuir jaune et rugueux,
Versant sur quelque Bible un flot de barbe grise ;
Voilà ce qui convient à ton pinceau fougueux.

Tu ne dédaignes rien de ce que l'on méprise ;
Nul haillon, Ribeira, par toi n'est rebuté :
Le vrai, toujours le vrai, c'est ta seule devise !

Et tu sais revêtir d'une étrange beauté
Ces trois monstres abjects, effroi de l'art antique,
La Douleur, la Misère et la Caducité.

Pour toi, pas d'Apollon, pas de Vénus pudique ;
Tu n'admets pas un seul de ces beaux rêves blancs
Taillés dans le paros ou dans le pentélique.

Il te faut des sujets sombres et violents
Où l'ange des douleurs vide ses noirs calices,
Où la hache s'émousse aux billots ruisselants.

Tu sembles enivré par le vin des supplices,
Comme un César romain dans sa pourpre insulté,
Ou comme un victimaire après vingt sacrifices.

Avec quelle furie et quelle volupté
Tu retournes la peau du martyr qu'on écorche,
Pour nous en faire voir l'envers ensanglanté !

Aux pieds des patients comme tu mets la torche !
Dans le flanc de Caton comme tu fais crier
La plaie, affreuse bouche ouverte comme un porche !

D'où te vient, Ribeira, cet instinct meurtrier ?
Quelle dent t'a mordu, qui te donne la rage,
Pour tordre ainsi l'espèce humaine et la broyer ?

Que t'a donc fait le monde, et, dans tout ce carnage,
Quel ennemi secret, de tes coups poursuis-tu ?
Pour tant de sang versé quel était donc l'outrage ?

Ce martyr, c'est le corps d'un rival abattu ;
Et ce n'est pas toujours au cœur de Prométhée
Que fouille l'aigle fauve avec son bec pointu.

De quelle ambition du ciel précipitée,
De quel espoir traîné par des coursiers sans frein,
Ton âme de démon était-elle agitée?

Qu'avais-tu donc perdu pour être si chagrin?
De quels amours tournés se composaient tes haines,
Et qui jalousais-tu, toi peintre souverain?

Les plus grands cœurs, hélas! ont les plus grandes peines;
Dans la coupe profonde il tient plus de douleurs;
Le ciel se venge ainsi sur les gloires humaines.

Un jour, las de l'horrible et des noires couleurs,
Tu voulus peindre aussi des corps blancs comme neige,
Des anges souriants, des oiseaux et des fleurs,

Des nymphes dans les bois que le satyre assiége,
Des amours endormis sur un sein frémissant,
Et tous ces frais motifs chers au moelleux Corrége;

Mais tu ne sus trouver que du rouge de sang,
Et quand du haut des cieux, apportant l'auréole,
Sur le front de tes saints l'ange de Dieu descend,

En détournant les yeux, il la pose et s'envole!

Madrid, 1844.

## L'ESCURIAL

Posé comme un défi tout près d'une montagne,
L'on aperçoit de loin dans la morne campagne
Le sombre Escurial, à trois cents pieds du sol,
Soulevant sur le coin de son épaule énorme,
Éléphant monstrueux, la coupole difforme,
Débauche de granit du Tibère espagnol.

Jamais vieux pharaon, aux flancs d'un mont d'Égypte,
Ne fit pour sa momie une plus noire crypte ;
Jamais sphinx au désert n'a gardé plus d'ennui ;
La cicogne s'endort au bout des cheminées ;
Partout l'herbe verdit les cours abandonnées ;
Moines, prêtres, soldats, courtisans, tout a fui !

Et tout semblerait mort, si du bord des corniches,
Des mains des rois sculptés, des frontons et des niches,
Avec leurs cris charmants et leur folle gaîté,
Il ne s'envolait pas des essaims d'hirondelles,
Qui, pour le réveiller, agacent à coups d'ailes
Le géant assoupi qui rêve éternité !...

Escurial, 1840.

## LE ROI SOLITAIRE

Je vis cloîtré dans mon âme profonde,
Sans rien d'humain, sans amour, sans amis,
Seul comme un dieu, n'ayant d'égaux au monde
Que mes aïeux sous la tombe endormis!
Hélas! grandeur veut dire solitude.
Comme une idole au geste surhumain,
Je reste là, gardant mon attitude,
La pourpre au dos, le monde dans la main.

Comme Jésus, j'ai le cercle d'épines;
Les rayons d'or du nimbe sidéral
Percent ma peau comme des javelines,
Et sur mon front perle mon sang royal.
Le bec pointu du vautour héraldique
Fouille mon flanc en proie aux noirs soucis :
Sur son rocher, le Prométhée antique
N'était qu'un roi sur son fauteuil assis.

De mon olympe entouré de mystère,
Je n'entends rien que la voix des flatteurs;
C'est le seul bruit qui des bruits de la terre
Puisse arriver à de telles hauteurs,

Et si parfois mon peuple, qu'on outrage,
En gémissant entre-choque ses fers :
— Sire! dormez, me dit-on, c'est l'orage,
Les cieux bientôt vont devenir plus clairs.

Je puis tout faire, et je n'ai plus d'envie.
Ah! si j'avais seulement un désir!
Si je sentais la chaleur de la vie!
Si je pouvais partager un plaisir!
Mais le soleil va toujours sans cortége;
Les plus hauts monts sont aussi les plus froids;
Et nul été ne peut fondre la neige
Sur les sierras et dans le cœur des rois !

Escurial, 1841

## LA VIERGE DE TOLÈDE

On vénère à Tolède une image de Vierge,
Devant qui toujours tremble une lueur de cierge ;
Poupée étincelante en robe de brocart,
Comme si l'or était plus précieux que l'art !
Et sur cette statue on raconte une histoire
Qu'un enfant de six mois refuserait de croire,
Mais que doit accepter comme une vérité
Tout poëte amoureux de la sainte beauté.

Quand la Reine des cieux, au grand saint Ildefonse,
Pour le récompenser de la grande réponse,
Quittant sa tour d'ivoire au paradis vermeil,
Apporta la chasuble en toile de soleil,
Par curiosité, par caprice de femme,
Elle alla regarder la belle Notre-Dame,
Ouvrage merveilleux dans l'Espagne cité,
Rêve d'ange amoureux, à deux genoux sculpté,
Et devant ce portrait resta toute pensive
Dans un ravissement de surprise naïve.
Elle examina tout : — le marbre précieux ;
Le travail patient, chaste et minutieux ;
La jupe roide d'or comme une dalmatique ;

Le corps mince et fluet dans sa grâce gothique;
Le regard virginal tout baigné de langueur,
Et le petit Jésus endormi sur son cœur.
Elle se reconnut et se trouva si belle,
Qu'entourant de ses bras la sculpture fidèle,
Elle mit, au moment de remonter aux cieux,
Au front de son image un baiser radieux.
Ah! que de tels récits, dont la raison s'étonne
Dans ce siècle trop clair pour que rien y rayonne,
Au temps de poésie où chacun y croyait,
Devait calmer le cœur de l'artiste inquiet!
Faire admirer au ciel l'ouvrage de la terre,
Cet espoir étoilait l'atelier solitaire,
Et le ciseau pieux longtemps avec amour
Pour le baiser divin caressait le contour.
Si la Vierge, à Paris, avec son auréole,
Sur les autels païens de notre âge frivole
Descendait et venait visiter son portrait,
Croyez-vous, ô sculpteurs, qu'elle s'embrasserait?

Tolède, 1841.

## IN DESERTO

Les pitons des sierras, les dunes du désert,
Où ne pousse jamais un seul brin d'herbe vert;
Les monts aux flancs zébrés de tuf, d'ocre et de marne,
Et que l'éboulement de jour en jour décharne,
Le grès plein de micas papillotant aux yeux,
Le sable sans profit buvant les pleurs des cieux,
Le rocher refrogné dans sa barbe de ronce,
L'ardente solfatare avec la pierre-ponce,
Sont moins secs et moins morts aux végétations
Que le roc de mon cœur ne l'est aux passions.
Le soleil de midi, sur le sommet aride,
Répand à flots plombés sa lumière livide,
Et rien n'est plus lugubre et désolant à voir
Que ce grand jour frappant sur ce grand désespoir.
Le lézard pâmé bâille, et parmi l'herbe cuite
On entend résonner les vipères en fuite.
Là, point de marguerite au cœur étoilé d'or,
Point de muguet prodigue égrenant son trésor;
Là, point de violette ignorée et charmante,
Dans l'ombre se cachant comme une pâle amante;
Mais la broussaille rousse et le tronc d'arbre mort,
Que le genou du vent, comme un arc, plie et tord:

Là, pas d'oiseau chanteur, ni d'abeille en voyage,
Pas de ramier plaintif déplorant son veuvage ;
Mais bien quelque vautour, quelque aigle montagnard,
Sur le disque enflammé fixant son œil hagard,
Et qui, du haut du pic où son pied prend racine,
Dans l'or fauve du soir durement se dessine.
Tel était le rocher que Moïse, au désert,
Toucha de sa baguette, et dont le flanc ouvert,
Tressaillant tout à coup, fit jaillir en arcade
Sur les lèvres du peuple une fraîche cascade.
Ah ! s'il venait à moi, dans mon aridité,
Quelque reine des cœurs, quelque divinité,
Une magicienne, un Moïse femelle,
Traînant dans le désert les peuples après elle,
Qui frappât le rocher dans mon cœur endurci,
Comme de l'autre roche, on en verrait aussi
Sortir en jets d'argent des eaux étincelantes,
Où viendraient s'abreuver les racines des plantes ;
Où les pâtres errants conduiraient leurs troupeaux,
Pour se coucher à l'ombre et prendre le repos ;
Où, comme en un vivier, les cigognes fidèles
Plongeraient leurs grands becs et laveraient leurs ailes.

La Guardia.

## STANCES

Maintenant, — dans la plaine ou bien dans la montagne,
Chêne ou sapin, un arbre est en train de pousser,
En France, en Amérique, en Turquie, en Espagne,
Un arbre sous lequel un jour je puis passer.

Maintenant, — sur le seuil d'une pauvre chaumière,
Une femme, du pied agitant un berceau,
Sans se douter qu'elle est la parque filandière,
Allonge entre ses doigts l'étoupe d'un fuseau.

Maintenant, — loin du ciel à la splendeur divine,
Comme une taupe aveugle en son étroit couloir,
Pour arracher le fer au ventre de la mine,
Sous le sol des vivants plonge un travailleur noir.

Maintenant, — dans un coin du monde que j'ignore,
Il existe une place où le gazon fleurit,
Où le soleil joyeux boit les pleurs de l'aurore,
Où l'abeille bourdonne, où l'oiseau chante et rit.

Cet arbre qui soutient tant de nids sur ses branches,
Cet arbre épais et vert, frais et riant à l'œil,

Dans son tronc renversé l'on taillera des planches,
Les planches dont un jour on fera mon cercueil !

Cette étoupe qu'on file et qui, tissée en toile,
Donne une aile au vaisseau dans le port engourdi,
A l'orgie une nappe, à la pudeur un voile,
Linceul, revêtira mon cadavre verdi !

Ce fer que le mineur cherche au fond de la terre
Aux brumeuses clartés de son pâle fanal,
Hélas ! le forgeron quelque jour en doit faire
Le clou qui fermera le couvercle fatal !

A cette même place où mille fois peut-être
J'allai m'asseoir, le cœur plein de rêves charmants,
S'entr'ouvrira le gouffre où je dois disparaitre,
Pour descendre au séjour des épouvantements !

Manche, 1843.

# EN PASSANT PRÈS D'UN CIMETIÈRE

Qu'est-ce que le tombeau ? — Le vestiaire où l'âme,
Au sortir du théâtre et son rôle joué,
Dépose ses habits d'enfant, d'homme ou de femme,
Comme un masque qui rend un costume loué !

Manche, 1844.

## LES TROIS GRACES DE GRENADE


A vous, Martirio, Dolorès, Gracia.
Sœurs de beauté, bouquet de la *tertulia*,
Que tout fin cavalier nomme à la promenade
Les Nymphes du Jénil, les perles de Grenade
A vous ces vers écrits en langage inconnu
Par l'étranger de France à l'Alhambra venu,
Où votre nom, seul mot que vous y saurez lire,
Attirera vos yeux et vous fera sourire,
Si, franchissant flots bleus et monts aux blonds sommets,
Ce livre jusqu'à vous peut arriver jamais.

Douce Martirio, je crois te voir encore,
Fraîche à faire jaunir les roses de l'aurore,
Dans ton éclat vermeil, dans ta fleur de beauté,
Comme une pêche intacte au duvet velouté,
Avec tes yeux nacrés, ciel aux astres d'ébène,
Et ta bouche d'œillet épanouie à peine,
Si petite vraiment qu'on n'y saurait poser,
Même quand elle rit, que le quart d'un baiser.
Je te vois déployant ta chevelure brune,
Et nous questionnant pour savoir si quelqu'une
Dans notre France avait les cheveux assez longs,

Pour filer d'un seul jet de la nuque aux talons.
Et toi qui demeurais, ainsi qu'une sultane,
Dans un palais moresque aux murs de filigrane,
Dolorès, belle enfant à l'œil déjà rêveur,
Que nous reconduisions, — ô la douce faveur !
Sans duègne revêche et sans parents moroses,
Près du Généralife où sont les lauriers-roses,
Te souvient-il encor de ces deux étrangers
Qui demandaient toujours à voir les orangers,
Les boleros dansés au son des séguidilles,
Les basquines de soie et les noires mantilles ?
Nous parlions l'espagnol comme toi le français,
Nous commencions les mots et tu les finissais,
Et, malgré notre accent au dur jota rebelle,
Tu comprenais très-bien que nous te trouvions belle.

Quoiqu'il fît nuit, le ciel brillait d'un éclat pur,
Cent mille astres, fleurs d'or, s'entr'ouvraient dans l'azur
Et, de son arc d'argent courbant les cornes blanches,
La lune décochait ses flèches sous les branches ;
La neige virginale et qui ne fond jamais
Scintillait vaguement sur les lointains sommets,
Et du ciel transparent tombait un jour bleuâtre
Qui, baignant ton front pur des pâleurs de l'albâtre,
Te faisait ressembler à la jeune péri
Revenant visiter son Alhambra chéri.

Pour toi les derniers vers, toi que j'aurais aimée,
Gracia, tendre fleur dont mon âme charmée,
Pour l'avoir respirée un moment, gardera
Un long ressouvenir qui la parfumera.
Comment peindre tes yeux aux paupières arquées,
Tes tempes couleur d'or, de cheveux noirs plaquées,
Ta bouche de grenade où luit le feu vermeil

Que dans le sang du More alluma le soleil ?
L'Orient tout entier dans tes regards rayonne,
Et bien que Gracia soit le nom qu'on te donne,
Et que jamais objet n'ait été mieux nommé,
Tu devrais t'appeler Zoraïde ou Fatmé !

Grenade, 1842.

## J'ÉTAIS MONTÉ PLUS HAUT.....

J'étais monté plus haut que l'aigle et le nuage ;
Sous mes pieds s'étendait un vaste paysage,
Cerclé d'un double azur par le ciel et la mer ;
Et les crânes pelés des montagnes géantes
En foule jaillissaient des profondeurs béantes,
Comme de blancs écueils sortant du gouffre amer.

C'était un vaste amas d'éboulements énormes,
Des rochers grimaçant dans des poses difformes,
Des pics dont l'œil à peine embrasse la hauteur,
Et, la neige faisant une écume à leur crête ;
On eût dit une mer prise un jour de tempête,
Un chaos attendant le mot du Créateur.

Là dorment les débris des races disparues,
Le vieux monde noyé sous les ondes accrues,
Le Béhémot biblique et le Léviathan.
Chaque mont de la chaîne, immense cimetière,
Cache un corps monstrueux dans son ventre de pierre,
Et ses blocs de granit sont des os de Titan !

Sierra-Nevada.

## CONSOLATION

Ne sois pas étonné si la foule, ô poëte,
Dédaigne de gravir ton œuvre jusqu'au faîte ;
La foule est comme l'eau qui fuit les hauts sommets :
Où le niveau n'est pas, elle ne vient jamais.
Donc, sans prendre à lui plaire une peine perdue,
Ne fais pas d'escalier à ta pensée ardue :
Une rampe aux boiteux ne rend pas le pied sûr.
Que le pic solitaire escalade l'azur,
L'aigle saura l'atteindre avec un seul coup d'aile,
Et posera son pied sur la neige éternelle,
La neige immaculée, au pur reflet d'argent,
Pour que Dieu, dans son œuvre allant et voyageant,
Comprenne que toujours on fréquente les cimes
Et qu'on monte au sommet des poëmes sublimes.

Sierra-Nevada, 1841.

## DANS LA SIERRA

J'aime d'un fol amour les monts fiers et sublimes !
Les plantes n'osent pas poser leurs pieds frileux
Sur le linceul d'argent qui recouvre leurs cimes ;
Le soc s'émousserait à leurs pics anguleux.

Ni vigne aux bras lascifs, ni blés dorés, ni seigles ;
Rien qui rappelle l'homme et le travail maudit.
Dans leur air libre et pur nagent des essaims d'aigles,
Et l'écho du rocher siffle l'air du bandit.

Ils ne rapportent rien et ne sont pas utiles ;
Ils n'ont que leur beauté, je le sais, c'est bien peu ;
Mais, moi, je les préfère aux champs gras et fertiles,
Qui sont si loin du ciel qu'on n'y voit jamais Dieu !

Sierra-Nevada, 1840.

## LE POËTE ET LA FOULE

La plaine un jour disait à la montagne oisive
— Rien ne vient sur ton front des vents toujours battu !
Au poëte, courbé sur sa lyre pensive,
La foule aussi disait : — Rêveur, à quoi sers-tu ?

La montagne en courroux répondit à la plaine :
— C'est moi qui fais germer les moissons sur ton sol ;
Du midi dévorant je tempère l'haleine,
J'arrête dans les cieux les nuages au vol !

Je pétris de mes doigts la neige en avalanches,
Dans mon creuset je fonds les cristaux des glaciers,
Et je verse, du bout de mes mamelles blanches,
En longs filets d'argent, les fleuves nourriciers.

Le poëte, à son tour, répondit à la foule :
— Laissez mon pâle front s'appuyer sur ma main.
N'ai-je pas de mon flanc, d'où mon âme s'écoule,
Fait jaillir une source où boit le genre humain ?

Sierra-Nevada.

## LE CHASSEUR

Je suis enfant de la montagne,
Comme l'isard, comme l'aiglon,
Je ne descends dans la campagne
Que pour ma poudre et pour mon plomb ;
Puis je reviens, et de mon aire
Je vois en bas l'homme ramper,
Si haut placé que le tonnerre
Remonterait pour me frapper.

Je n'ai pour boire, après ma chasse,
Que l'eau du ciel dans mes deux mains ;
Mais le sentier par où je passe
Est vierge encor de pas humains.
Dans mes poumons nul souffle immonde !
En liberté je bois l'air bleu,
Et nul vivant en ce bas monde
Autant que moi n'approche Dieu.

Pour mon berceau j'eus un nid d'aigle
Comme un héros ou comme un roi,
Et j'ai vécu sans frein ni règle,
Plus haut que l'homme et que la loi.

Après ma mort une avalanche
De son linceul me couvrira,
Et sur mon corps la neige blanche,
Tombeau d'argent, s'élèvera.

**Sierra-Nevada.**

## L'ÉCHELLE D'AMOUR

###### SÉRÉNADE

Sur le balcon où tu te penches
Je veux monter... efforts perdus !
Il est trop haut, et tes mains blanches
N'atteignent pas mes bras tendus.

Pour déjouer ta duègne avare,
Jette un collier, un ruban d'or ;
Ou des cordes de ta guitare
Tresse une échelle, ou bien encor...

Ote tes fleurs, défais ton peigne,
Penche sur moi tes cheveux longs,
Torrent de jais dont le flot baigne
Ta jambe ronde et tes talons.

Aidé par cette échelle étrange,
Légèrement je gravirai,
Et jusqu'au ciel, sans être un ange,
Dans les parfums je monterai !

1841.

## J'AI DANS MON CŒUR....

J'ai dans mon cœur, dont tout voile s'écarte,
Deux bancs d'ivoire, une table en cristal,
Où sont assis, tenant chacun leur carte,
Ton faux amour et mon amour loyal.

J'ai dans mon cœur, dans mon cœur diaphane
Ton nom chéri qu'enferme un coffret d'or ;
Prends-en la clef, car nulle main profane
Ne doit l'ouvrir ni ne l'ouvrit encor.

Fouille mon cœur, ce cœur que tu dédaignes
Et qui pourtant n'est peuplé que de toi,
Et tu verras, mon amour, que tu règnes
Sur un pays dont nul homme n'est roi!

Grenade, 1841.

## LE LAURIER DU GÉNÉRALIFE

Dans le Généralife, il est un laurier-rose,
Gai comme la victoire, heureux comme l'amour.
Un jet d'eau, son voisin, l'enrichit et l'arrose ;
Une perle reluit dans chaque fleur éclose,
Et le frais émail vert se rit des feux du jour.

Il rougit dans l'azur comme une jeune fille ;
Ses fleurs, qui semblent vivre, ont des teintes de chair.
On dirait, à le voir sous l'onde qui scintille,
Une odalisque nue attendant qu'on l'habille,
Cheveux en pleurs, au bord du bassin au flot clair.

Le laurier, je l'aimais d'une amour sans pareille ;
Chaque soir, près de lui, j'allais me reposer ;
A l'une de ses fleurs, bouche humide et vermeille,
Je suspendais ma lèvre, et parfois, ô merveille !
J'ai cru sentir la fleur me rendre mon baiser...

Généralife, 1843.

## LA LUNE ET LE SOLEIL

Le soleil dit à la lune :
— Que fais-tu sur l'horizon ?
Il est bien tard, à la brune,
Pour sortir de sa maison.

L'honnête femme, à cette heure,
Défile son chapelet,
Couche son enfant qui pleure,
Et met la barre au volet.

Le follet court sur la dune ;
Gitanas, chauves-souris,
Rôdent en cherchant fortune ;
Noirs ou blancs, tous chats sont gris.

Des planètes équivoques
Et des astres libertins,
Croyant que tu les provoques,
Suivront tes pas clandestins.

La nuit, dehors on s'enrhume.
Vas-tu prendre encor ce soir

Le brouillard pour lit de plume
Et l'eau du lac pour miroir?

Réponds-moi. — J'ai cent retraites
Sur la terre et dans les cieux,
Monsieur mon frère ; et vous êtes
Un astre bien curieux !

Généralife, 1844.

## LETRILLA

Enfant, pourquoi tant de parure,
Sur ton sein ces rouges colliers,
Ta clef d'argent à ta ceinture,
Ces beaux rubans à tes souliers?

— La neige fond sur la montagne;
L'œil bleu du printemps nous sourit.
Je veux aller à la campagne
Savoir si le jasmin fleurit. —

Pour moi ni printemps ni campagne;
Pour moi pas de jasmin en fleur;
Car une peine m'accompagne,
Car un chagrin me tient au cœur.

Grenade.

## J'ALLAIS PARTIR.....

J'allais partir; doña Balbine
Se lève et prend à sa bobine
    Un long fil d'or;
A mon bouton elle le noue,
Et puis me dit, baisant ma joue.
    — Restez encor!

Par l'un des bouts ce fil, trop frêle
Pour retenir un infidèle,
    Tient à mon cœur...
Si vous partez, mon cœur s'arrache:
Un nœud si fort à vous m'attache,
    O mon vainqueur!

— Pourquoi donc prendre à ta bobine
Pour me fixer, doña Balbine,
    Un fil doré?
A ton lit qu'un cheveu m'enchaîne,
Se brisât-il, sois-en certaine,
    Je resterai!

Grenade.

## J'AI LAISSÉ DE MON SEIN DE NEIGE.....

J'ai laissé de mon sein de neige
Tomber un œillet rouge à l'eau.
Hélas ! comment le reprendrai-je
Mouillé par l'onde du ruisseau ?
Voilà le courant qui l'entraîne !
Bel œillet aux vives couleurs,
Pourquoi tomber dans la fontaine ?
Pour t'arroser j'avais mes pleurs !

Grenade.

## LE SOUPIR DU MORE

Ce cavalier qui court vers la montagne,
    Inquiet, pâle au moindre bruit,
C'est Boabdil, roi des Mores d'Espagne,
    Qui pouvait mourir, et qui fuit !

Aux Espagnols Grenade s'est rendue ;
    La croix remplace le croissant,
Et Boabdil pour sa ville perdue
    N'a que des pleurs et pas de sang...

Sur un rocher nommé Soupir-du-More,
    Avant d'entrer dans la Sierra,
Le fugitif s'assit, pour voir encore
    De loin Grenade et l'Alhambra :

    « Hier, dit-il, j'étais calife ;
    Comme un dieu vivant adoré,
    Je passais du Généralife
    A l'Alhambra peint et doré !
    J'avais, loin des regards profanes,
    Des bassins aux flots diaphanes
    Où se baignaient trois cents sultanes ;

Mon nom partout jetait l'effroi !
Hélas ! ma puissance est détruite;
Ma vaillante armée est en fuite,
Et je m'en vais sans autre suite
Que mon ombre derrière moi !

« Fondez, mes yeux, fondez en larmes !
Soupirs profonds venus du cœur,
Soulevez l'acier de mes armes :
Le Dieu des chrétiens est vainqueur !
Je pars, adieu, beau ciel d'Espagne,
Darro, Jénil, verte campagne,
Neige rose de la montagne;
Adieu, Grenade, mes amours !
Riant Alhambra, tours vermeilles,
Frais jardins remplis de merveilles,
Dans mes rêves et dans mes veilles,
Absent, je vous verrai toujours ! »

Sierra d'Elvire, 1844.

## DEUX TABLEAUX DE VALDÈS LÉAL

Après l'autel sculpté, le Moïse célèbre,
Et le saint Jean de Dieu sous sa charge funèbre,
A Séville on fait voir, dans le grand hôpital,
Deux tableaux singuliers de Juan Valdès Léal.

Ce Valdès possédait, Young de la peinture,
Les secrets de la mort et de la sépulture,
Comme le Titien les splendides couleurs,
Il aimait les tons verts, les blafardes pâleurs,
Le sang de la blessure et le pus de la plaie,
Les martyrs en lambeaux étalés sur la claie,
Les cadavres pourris, et dans des plats d'argent,
Parmi du sang caillé, les têtes de saint Jean ;
— Un vrai peintre espagnol, catholique et féroce,
Par la laideur terrible et la souffrance atroce,
Redoublant dans le cœur de l'homme épouvanté
L'angoisse de l'enfer et de l'éternité.
Le premier, — toile étrange où manquent les figures, —
N'est qu'un vaste fouillis d'étoffes, de dorures,
De vases, d'objets d'art, de brocarts opulents,
Miroités de lumière et de rayons tremblants.
Tous les trésors du monde et toutes les richesses :

Les coffres-forts des juifs, les écrins des duchesses,
Sur de beaux tapis turcs de grandes fleurs brodés,
Rompant leur ventre d'or, semblent s'être vidés.
Ce ne sont que ducats, quadruples et cruzades,
Un Pactole gonflé débordant en cascades,
Une mine livrant aux regards éblouis
Ses diamants en fleur dans l'ombre épanouis;
L'éventail pailleté comme un papillon brille;
Sur la guitare encor vibre une séguidille;
Et, parmi les flacons, un coquet masque noir
De ses yeux de velours semble rire au miroir;
Des bracelets rompus les perles défilées
S'égrènent au hasard avec les fleurs mêlées,
Et l'on voit s'échapper les billets et les vers
Des cassettes de laque aux tiroirs entr'ouverts.

En prodiguant ainsi les attributs de fête,
Quelle noire antithèse avais-tu dans la tête?
Quel sombre épouvantail ton pinceau sépulcral
Voulait-il évoquer, pâle Valdès Léal?

Pour te montrer si gai, si clair, si coloriste,
Il fallait, à coup sûr, que tu fusses bien triste;
Car tu n'as pas pour but de faire luire aux yeux
Un bouquet de palette, un prisme radieux,
Comme un Vénitien qui, dans sa folle joie,
Verse à flots le velours et chiffonne la soie.

Tu voulais, au milieu de ce luxe éperdu,
Faire surgir plus morne et plus inattendu
Le convive importun, l'affamé parasite,
Dont nul amphitryon n'élude la visite.
En effet, — le voici, l'œil cave et le front ras,
Qui dans la fête arrive, un cercueil sous le bras,

Ricane affreusement de sa bouche élargie,
Et met, brusque éteignoir, sa main sur la bougie.
Les heureux, les puissants, les sages et les fous,
Ainsi la maigre main doit nous éteindre tous!

Hélas! depuis le temps que le vieux monde dure,
Nous la savons assez, cette vérité dure,
Sans nous montrer, Valdès, ce cauchemar affreux,
Le masque au nez de trèfle, aux grands orbites creux,
Trous ouverts sur le vide, et qui font voir dans l'ombre
Les abimes béants de l'éternité sombre!

Un autre eût borné là sa terrible leçon
Et se fût contenté de ce premier frisson;
Mais Valdès te connait, bienheureuse Séville,
De l'Espagne moresque ô la plus belle fille!
Toi, dont le petit pied trempe au Guadalquivir,
Et qui reçus du ciel tout ce qui peut ravir:
Les orangers vermeils et les frais lauriers-roses,
Le plaisir nonchalant, l'oubli de toutes choses,
L'amour et la beauté sous un soleil de feu,
Les plus riches présents qu'à la terre ait faits Dieu!
Il sait que, pour jeter à ton âme distraite
La morose pensée et l'angoisse secrète,
Pour faire dans ta joie apparaitre la mort,
Il faut crier bien haut, il faut frapper bien fort!
Dans la seconde toile, où d'une lampe avare
Tombe sinistrement une lumière rare,
Des cercueils tout ouverts sont par file rangés,
Avec leurs habitants gravement allongés.
D'abord, c'est un évêque ayant encor sa mitre,
Qui semble présider le lugubre chapitre;
D'un geste machinal il bénit vaguement
Tout le peuple livide autour de lui dormant.

Son front luit comme un os, et, dans ses dures pinces,
L'agonie a serré son nez aux ailes minces;
Aux angles de sa bouche, aux plis de son menton,
Déjà la moisissure a jeté son coton;
Le ver ourdit sa toile au fond de ses yeux caves,
Et, marquant leur chemin par l'argent de leurs baves,
Les hideux travailleurs de la destruction
Font sur ce maigre corps leur plaie ou leur sillon;
Par ses gants décousus entre la mouche noire,
Et le gusano court sur ses habits de moire.
Tous ces affreux détails sont peints complaisamment,
Comme un portrait chéri tracé par un amant,
Et nul Italien rêvant de sa madone,
Dans l'outremer limpide et dans l'air qui rayonne,
Plus amoureusement n'a caressé les traits
De quelque Fornarine aux célestes attraits.

Plus loin, c'est un bravache à la moustache épaisse,
Armé de pied en cap en son étroite caisse.
La putréfaction qui lui gonfle les chairs
Au bistre de son teint a mêlé des tons verts;
Sa tête va rouler comme une orange mûre,
Car le ver a trouvé le joint de son armure.
Hélas! fier capitan, le maigre spadassin
A sa botte secrète et son coup assassin!
Fût-on prévôt de salle ou maître en fait d'escrime,
Dans ce duel suprême on est toujours victime.

Au dernier plan, couverts de linceuls en lambeau
Des morts de tout état, jadis jeunes et beaux,
Élégants cavaliers, superbes courtisanes,
Dont un jaune rayon fait reluire les crânes,
Cauchemars grimaçants, monstrueuses laideurs,
Du sinistre caveau peuplent les profondeurs.

Jamais ce lourd sommeil, plein de rêves étranges,
Qui fait voir aux dormeurs les démons ou les anges
Cette attitude morne et cet abattement
Du pécheur sans espoir qui pense au jugement;
Cet ennui de la mort qui regrette la vie,
Le soleil, le ciel bleu, la lumière ravie,
N'ont été mieux rendus qu'en ce dernier tableau,
Qui fait Valdès Réal rival de Murillo.
Pour que l'allégorie aux yeux n'offre aucun doute,
Perçant dans un éclair les ombres de la voûte,
La main de l'inconnu, la main que Balthazar
Vit écrire à son mur des mots compris trop tard,
Apparaît soutenant des balances égales :
Un des plateaux chargé de tiares papales,
De couronnes de rois, de sceptres, d'écussons;
L'autre, de vils rebuts, d'ordure et de tessons.
Tout a le même poids aux balances suprêmes.
Voilà donc votre sens, mystérieux emblèmes!
Et vous nous promettez, pour consolation,
La triste égalité de la corruption!

Séville, 1841.

## A ZURBARAN

Moines de Zurbaran, blancs chartreux qui, dans l'ombre,
Glissez silencieux sur les dalles des morts,
Murmurant des *Pater* et des *Ave* sans nombre,

Quel crime expiez-vous par de si grands remords?
Fantômes tonsurés, bourreaux à face blême,
Pour le traiter ainsi, qu'a donc fait votre corps?

Votre corps, modelé par le doigt de Dieu même,
Que Jésus-Christ, son fils, a daigné revêtir,
Vous n'avez pas le droit de lui dire : Anathème!

Je conçois les tourments et la foi du martyr,
Les jets de plomb fondu, les bains de poix liquide,
La gueule des lions prête à vous engloutir,

Sur un rouet de fer les boyaux qu'on dévide,
Toutes les cruautés des empereurs romains;
Mais je ne comprends pas ce morne suicide!

Pourquoi donc, chaque nuit, pour vous seuls inhumains,
Déchirer votre épaule à coups de discipline,
Jusqu'à ce que le sang ruisselle sur vos reins?

Pourquoi ceindre toujours la couronne d'épine,
Que Jésus sur son front ne mit que pour mourir,
Et frapper à plein poing votre maigre poitrine?

Croyez-vous donc que Dieu s'amuse à voir souffrir,
Et que ce meurtre lent, cette froide agonie,
Fasse pour vous le ciel plus facile à s'ouvrir?

Cette tête de mort entre vos doigts jaunie,
Pour ne plus en sortir, qu'elle rentre au charnier;
Que votre fosse soit par un autre finie.

L'esprit est immortel, on ne peut le nier;
Mais dire, comme vous, que la chair est infâme,
Statuaire divin, c'est te calomnier!

Pourtant quelle énergie et quelle force d'âme
Ils avaient, ces chartreux, sous leur pâle linceul,
Pour vivre, sans amis, sans famille et sans femme,

Tout jeunes, et déjà plus glacés qu'un aïeul,
N'ayant pour horizon qu'un long cloître en arcades,
Avec une pensée, en face de Dieu seul!

Tes moines, Lesueur, près de ceux-là sont fades.
Zurbaran de Séville a mieux rendu que toi
Leurs yeux plombés d'extase et leurs têtes malades,

Le vertige divin, l'enivrement de foi
Qui les fait rayonner d'une clarté fiévreuse,
Et leur aspect étrange, à vous donner l'effroi.

Comme son dur pinceau les laboure et les creuse!
Aux pleurs du repentir comme il ouvre des lits
Dans les rides sans fond de leur face terreuse!

Comme du froc sinistre il allonge les plis;
Comme il sait lui donner les pâleurs du suaire,
Si bien que l'on dirait des morts ensevelis!

Qu'il vous peigne en extase au fond du sanctuaire,
Du cadavre divin baisant les pieds sanglants,
Fouettant votre dos bleu comme un fléau bat l'aire,

Vous promenant rêveurs le long des cloîtres blancs,
Par file assis à table au frugal réfectoire,
Toujours il fait de vous des portraits ressemblants.

Deux teintes seulement, clair livide, ombre noire;
Deux poses, l'une droite et l'autre à deux genoux,
A l'artiste ont suffi pour peindre votre histoire.

Forme, rayon, couleur, rien n'existe pour vous,
A tout objet réel vous êtes insensibles,
Car le ciel vous enivre et la croix vous rend fous,

Et vous vivez muets, inclinés sur vos bibles,
Croyant toujours entendre aux plafonds entr'ouverts
Éclater brusquement les trompettes terribles!

O moines! maintenant, en tapis frais et verts,
Sur les fosses par vous à vous-mêmes creusées,
L'herbe s'étend : — Eh bien! que dites-vous aux vers?

Quels rêves faites-vous? quelles sont vos pensées?
Ne regrettez-vous pas d'avoir usé vos jours
Entre ces murs étroits, sous ces voûtes glacées?

Ce que vous avez fait, le feriez-vous toujours?...

Séville, 1844.

# PERSPECTIVE

### SONNET

Sur le Guadalquivir, en sortant de Séville,
Quand l'œil à l'horizon se tourne avec regret,
Les dômes, les clochers font comme une forêt;
A chaque tour de roue il surgit une aiguille.

D'abord la Giralda, dont l'ange d'or scintille,
Rose dans le ciel bleu, darde son minaret;
La cathédrale énorme à son tour apparaît
Par-dessus les maisons, qui vont à sa cheville.

De près, l'on n'aperçoit que des fragments d'arceaux :
Un pignon biscornu, l'angle d'un mur maussade
Cache la flèche ouvrée et la riche façade.

Grands hommes, obstrués et masqués par les sots,
Comme les hautes tours par les toits de la ville,
De loin vos fronts grandis montent dans l'air tranquille!

Sur le Guadalquivir, 1844.

## AU BORD DE LA MER

La lune de ses mains distraites
A laissé choir, du haut de l'air,
Son grand éventail à paillettes
Sur le bleu tapis de la mer.

Pour le ravoir elle se penche
Et tend son beau bras argenté,
Mais l'éventail fuit sa main blanche,
Par le flot qui passe emporté.

Au gouffre amer pour te le rendre,
Lune, j'irais bien me jeter,
Si tu voulais du ciel descendre,
Au ciel si je pouvais monter!

Malaga, 1841.

## SAINT CHRISTOPHE D'ECIJA

J'ai vu dans Ecija, vieille ville moresque,
Aux clochers de faïence, aux palais peints à fresque,
Sous les rayons de plomb du soleil étouffant,
Un colosse doré qui portait un enfant.
Un pilier de granit, d'ordre salomonique,
Servait de piédestal au vieillard athlétique ;
Sa colossale main sur un tronc de palmier
S'appuyait largement et le faisait plier ;
Et tous ses nerfs roidis par un effort étrange,
Comme ceux de Jacob dans sa lutte avec l'ange,
Semblaient suffire à peine à soutenir le poids
De ce petit enfant qui tenait une croix !
— Quoi ! géant aux bras forts, à la poitrine large,
Tu te courbes vaincu par cette faible charge,
Et ta dorure, où tremble une fauve lueur,
Semble fondre et couler sur ton corps en sueur !

— Ne sois pas étonné si mes genoux chancellent,
Si mes nerfs sont roidis, si mes tempes ruissellent.
Certes, je suis de bronze et taillé de façon
A passer les vigueurs d'Hercule et de Samson !
Mon poignet vaut celui du vieux Crotoniate ;

Il n'est pas de taureau que d'un coup je n'abatte,
Et je fends les lions avec mes doigts nerveux;
Car nulle Dalila n'a touché mes cheveux.
Je pourrais, comme Atlas, poser sur mes épaules
La corniche du ciel et les essieux des pôles;
Mais je ne puis porter cet enfant de six mois
Avec son globe bleu surmonté d'une croix;
Car c'est le fruit divin de la Vierge féconde,
L'enfant prédestiné, le rédempteur du monde;
C'est l'esprit triomphant, le Verbe souverain:
Un tel poids fait plier même un géant d'airain!

Ecija, 1841.

## PENDANT LA TEMPÊTE

La barque est petite et la mer immense ;
La vague nous jette au ciel en courroux,
Le ciel nous renvoie au flot en démence :
Près du mât rompu prions à genoux !

De nous à la tombe il n'est qu'une planche.
Peut-être ce soir, dans un lit amer,
Sous un froid linceul fait d'écume blanche,
Irons-nous dormir, veillés par l'éclair !

Fleur du paradis, sainte Notre-Dame,
Si bonne aux marins en péril de mort,
Apaise le vent, fais taire la lame,
Et pousse du doigt notre esquif au port.

Nous te donnerons, si tu nous délivres,
Une belle robe en papier d'argent,
Un cierge à festons pesant quatre livres,
Et, pour ton Jésus, un petit saint Jean.

Cadix, 1844.

## LES AFFRES DE LA MORT

(SUR LES MURS D'UNE CHARTREUSE)

O toi qui passes par ce cloître,
Songe à la mort! — Tu n'es pas sûr
De voir s'allonger et décroître,
Une autre fois, ton ombre au mur.

Frère, peut-être cette dalle
Qu'aujourd'hui, sans songer aux morts,
Tu soufflettes de ta sandale,
Demain pèsera sur ton corps!

La vie est un plancher qui couvre
L'abîme de l'éternité :
Une trappe soudain s'entr'ouvre
Sous le pécheur épouvanté;

Le pied lui manque, il tombe, il glisse :
Que va-t-il trouver? le ciel bleu
Ou l'enfer rouge? le supplice
Ou la palme? Satan ou Dieu?...

Souvent sur cette idée affreuse
Fixe ton esprit éperdu :

Le teint jaune et la peau terreuse,
Vois-toi sur un lit étendu.

Vois-toi brûlé, transi de fièvre,
Tordu comme un bois vert au feu,
Le fiel crevé, l'âme à la lèvre,
Sanglotant le suprême adieu,

Entre deux draps, dont l'un doit être
Le linceul où l'on te coudra ;
Triste habit que nul ne veut mettre,
Et que pourtant chacun mettra.

Représente-toi bien l'angoisse
De ta chair flairant le tombeau,
Tes pieds crispés, ta main qui froisse
Tes couvertures en lambeau.

En pensée, écoute le râle,
Bramant comme un cerf aux abois,
Pousser sa note sépulcrale
Par ton gosier rauque et sans voix.

Le sang quitte tes jambes roides,
Les ombres gagnent ton cerveau,
Et sur ton front les perles froides
Coulent comme aux murs d'un caveau.

Les prêtres à soutane noire,
Toujours en deuil de nos péchés,
Apportent l'huile et le ciboire,
Autour de ton grabat penchés.

Tes enfants, ta femme et tes proches
Pleurent en se tordant les bras.

Et déjà le sonneur aux cloches
Se suspend pour sonner ton glas.

Le fossoyeur a pris sa bêche
Pour te creuser ton dernier lit,
Et d'une terre brune et fraîche
Bientôt ta fosse se remplit.

Ta chair délicate et superbe
Va servir de pâture aux vers,
Et tu feras pousser de l'herbe
Plus drue avec des brins plus verts.

Donc, pour n'être pas surpris, frère,
Aux transes du dernier moment,
Réfléchis! — La mort est amère
A qui vécut trop doucement.

Sur ce, frère, que Dieu t'accorde
De trépasser en bon chrétien,
Et te fasse miséricorde;
Ici-bas, nul ne peut plus rien!

1845.

## ADIEUX A LA POÉSIE

#### SONNET

Allons, ange déchu, ferme ton aile rose ;
Ote ta robe blanche et tes beaux rayons d'or ;
Il faut, du haut des cieux où tendait ton essor,
Filer comme une étoile, et tomber dans la prose.

Il faut que sur le sol ton pied d'oiseau se pose.
Marche au lieu de voler : il n'est pas temps encor ;
Renferme dans ton cœur l'harmonieux trésor ;
Que ta harpe un moment se détende et repose.

O pauvre enfant du ciel, tu chanterais en vain :
Ils ne comprendraient pas ton langage divin ;
A tes plus doux accords leur oreille est fermée !

Mais, avant de partir, mon bel ange à l'œil bleu,
Va trouver de ma part ma pâle bien-aimée,
Et pose sur son front un long baiser d'adieu !

1844.

# POÉSIES NOUVELLES

POESIES INÉDITES ET POÉSIES POSTHUMES

— 1831-1872 —

# POÉSIES NOUVELLES

POÉSIES INÉDITES ET POÉSIES POSTHUMES
— 1831-1872 —

## A JEAN DUSEIGNEUR

SCULPTEUR

ODE

### I

Oh! mon Jean Duseigneur, que le siècle où nous sommes
Est mauvais pour nous tous, oseurs et jeunes hommes,
Religieux de l'art que l'on nous a gâté!
L'on ne croit plus à rien; — le stylet du sarcasme
A tué tout amour et tout enthousiasme;
    Le présent est désenchanté.

L'on cherche, l'on raisonne; au fond de chaque chose
On fouille avidement, jusqu'à trouver la prose,
Comme si l'on voulait se prouver son néant.
Tout est grêle et mesquin dans cette époque étroite
Où Victor Hugo, seul, porte sa tête droite
Et crève les plafonds de son crâne géant.

L'avenir menaçant, dans ses noires ténèbres,
Ne présente à nos yeux que visions funèbres,
Un aveugle destin au gouffre nous conduit;
Pour guider notre esquif sur cette mer profonde,
Dont tous les vents ligués fouettent, en grondant, l'onde,
  Pas une étoile dans la nuit !

L'art et les dieux s'en vont. — La jeune poésie
Fait de la terre au ciel voler sa fantaisie
Et plie à tous les tons sa pure et chaste voix.
On ne l'écoute pas. — Ses chants que rien n'égale
Sont perdus comme ceux de la pauvre cigale,
Du grillon du foyer ou de l'oiseau des bois.

Craignant le temps rongeur pour son œuvre fragile,
Le sculpteur veut changer son plâtre et son argile
A l'airain de Corinthe, au marbre de Paros :
Le riche, gorgé d'or, marchande son salaire,
Hésite, et n'ose pas lui jeter de quoi faire
  L'éternité de ses héros.

Le peintre, tourmentant sa palette féconde,
D'un pinceau créateur fait entrer tout un monde
Dans quelques pieds de toile, et, vrai comme un miroir,
A chaque objet doublé redonne une autre vie.
— Par d'ignobles pensers la foule poursuivie,
Sans avoir compris rien, retourne à son comptoir.

## II

Qu'est devenu ce temps où, dans leur gloire étrange,
Le jeune Raphaël et le vieux Michel-Ange

Éblouissaient l'époque à genoux devant eux;
Où, comme les autels, la peinture était sainte?
L'artiste conservait à son front une teinte
    Du nimbe de ses bienheureux.


Et Jules-Deux régnait, nature riche et large
Qui portait tout un siècle et jouait sous la charge;
Il ployait Michel-Ange avec son bras de fer,
Et, le voyant trembler, sachant qu'il n'était qu'homme,
Au dôme colossal de Saint-Pierre de Rome
Le traînait, en jurant, allumer son enfer.

Tout était grand alors comme l'âme du maître;
Car il avait au cœur — ce Bonaparte prêtre —
Des choses que n'ont point les rois de ce temps-ci;
De tout homme ici-bas il pressentait le rôle,
Et disait à chacun, lui frappant sur l'épaule:
    « Marche! ta gloire est par ici! »


## III

Et puis, là-bas, à Rome, au pied des sept collines,
Parmi ces ponts, ces arcs, immortelles ruines,
Ces marbres animés par de puissantes mains,
Ces vases, ces tableaux, ces bronzes et ces fresques,
Ces édifices grecs, latins, goths ou mauresques;
Ces chefs-d'œuvre de l'art qui pavent les chemins;

Tout dans ce beau climat offre une poésie
Dont, si rude qu'on soit, on a l'âme saisie.
Qui ne serait poëte en face de ce ciel,

Baldaquin de saphir, coupole transparente,
Où, par les citronniers la tiède brise errante,
Ressemble aux chansons d'Ariel?...

Quel plaisir! quel bonheur! — Une lumière nette
Découpe au front des tours la moindre colonnette
Les palais, les villas, les couvents dans le bleu
Profilent hardiment leur silhouette blanche ;
Une fleur, un oiseau pendent de chaque branche,
Chaque prunelle roule un diamant de feu.

Le petit chevrier hâlé de la Sabine,
Le bandit de l'Abruzze avec sa carabine,
Le moine à trois mentons qui dit son chapelet,
Le chariot toscan, traîné de bœufs difformes
Qui fixent gravement sur vous leurs yeux énormes,
    Le pêcheur drapé d'un filet ;

La vieille mendiante au pied de la Madone,
L'enfant qui joue auprès, tout pose, tout vous donne
Des formes et des tons qui ne sont point ailleurs.
Baigné du même jour qui fit Paul Véronèse
Le coloriste fier doit se sentir à l'aise,
Loin du public bourgeois, loin des écrivailleurs.

Partout de l'harmonie! En ce pays de fées,
La voix ne connait pas de notes étouffées ;
Tout vibre et retentit, les mots y sont des chants,
La musique est dans l'air, — parler bientôt s'oublie :
Comme ailleurs on respire, on chante en Italie ;
    Le grand opéra court les champs.

C'est là, mon Duseigneur, qu'on peut aimer et vivre.
Oh! respirer cet air si doux qu'il vous enivre,

Ce parfum d'oranger, de femme et de soleil,
Près de la mer d'azur aux bruissements vagues,
Dont le vent frais des nuits baise en passant les vagues,
Se sentir en aller dans un demi-sommeil!

Oh! sur le fût brisé d'une colonne antique,
Sous le pampre qui grimpe au long du blanc portique,
Avoir à ses genoux une contadina
Au collier de corail, à la jupe écarlate,
Cheveux de jais, œil brun où la pensée éclate,
    Une sœur de Fornarina!

## IV

Tout cela, c'est un rêve. — Il nous faut, dans la brume
De ce Paris grouillant qui bourdonne et qui fume,
Traîner des jours éteints, dès leur aube ternis;
Pour perspective avoir des façades blafardes,
Ouïr le bruit des chars et ces plaintes criardes
De l'ouragan qui bat à nos carreaux jaunis!

Voir sur le ciel de plomb courir les pâles nues,
Les grêles marronniers bercer leurs cimes nues
Longtemps avant le soir, derrière les toits gris,
Le soleil s'enfoncer comme un vaisseau qui sombre,
Et le noir crépuscule ouvrir son aile sombre,
    Son aile de chauve-souris...

Et jamais de rayon qui brille dans l'ondée!
Dans cette vie abstraite et d'ombres inondée,
Jamais de point de feu, de paillette de jour;

C'est un intérieur de Rembrandt dont on voile
La dalle lumineuse et la mystique étoile;
C'est une nuit profonde où se perd tout contour!

### V

Pourtant l'ange aux yeux bleus, aux ailes roses, l'ange
De l'inspiration, sur les chemins de fange,
Pour arriver à toi, pose ses beaux pieds blancs,
Et l'auréole d'or qui couronne sa tête
Dans ses cils diaprés des sept couleurs, projette
  Des fantômes étincelants.

Alors, devant les yeux de ton âme en extase,
Chatoyante d'or faux, toute folle de gaze,
Comme aux pages d'Hugo ton cœur la demanda,
Avec ses longs cheveux que le vent roule et crêpe,
Jambe fine, pied leste et corsage de guêpe,
Vrai rêve oriental, passe l'Esméralda.

Roland le paladin, qui, l'écume à la bouche,
Sous un sourcil froncé, roule un œil fauve et louche,
Et sur les rocs aigus qu'il a déracinés,
Nud, enragé d'amour, du feu dans la narine,
Fait saillir les grands os de sa forte poitrine
  Et tord ses membres enchaînés.

Puis la tête homérique et napoléonienne
De notre roi Victor! — que sais-je, moi? la mienne,
Celle de mon Gérard et de Pétrus Borel,
Et d'autres qu'en jouant tu fais, d'un doigt agile,

Palpiter dans la cire et vivre dans l'argile ;
— Assez pour, autrefois, rendre un nom immortel !

Si trois cents ans plus tôt Dieu nous avait fait naître,
Parmi tous ces hauts noms, l'on en eût mis peut-être
D'autres qui maintenant meurent désavoués ;
Car nous n'étions pas faits pour cette époque immonde
Et nous avons manqué notre entrée en ce monde,
  Où nos rôles étaient joués...

Septembre 1831.

# ÉPIGRAPHE

PLACÉE EN TÊTE DE : *SOUS LA TABLE*

(Dans *les Jeunes-France*)

Qu'est-ce que la vertu? Rien, moins que rien, un mot
A rayer de la langue. Il faudrait être sot
Comme un provincial débarqué par le coche,
Pour y croire. Un filou, la main dans votre poche,
Concourra pour le prix Monthyon. Chaude encor
D'adultères baisers payés au poids de l'or,
Votre femme dira : Je suis honnête femme.
Mentez, pillez, tuez, soyez un homme infâme,
Ne croyez pas en Dieu, vous serez marguillier ;
Et, quand vous serez mort, un joyeux héritier,
Ponctuant chaque mot de larmes ridicules,
Fera, sur votre tombe, en lettres majuscules
Écrire : Bon ami, bon père, bon époux,
Excellent citoyen, et regretté de tous.
La vertu ! c'était bon quand on était dans l'arche.
La mode en est passée, et le siècle qui marche
Laisse au bord du chemin, ainsi que des haillons,
Toutes les vieilles lois des vieilles nations.
Donc, sans nous soucier de la morale antique,
Nous tous, enfants perdus de cet âge critique,

Au bruit sourd du passé qui s'écroule au néant,
Dansons gaîment au bord de l'abîme béant,
Voici le punch qui bout et siffle dans la coupe :
Que la bande joyeuse autour du bol se groupe !
En avant les viveurs ! Usons bien nos beaux ans :
Faisons les lords Byrons et les petits dons Juans ;
Fumons notre cigare, embrassons nos maîtresses ;
Enivrons-nous, amis, de toutes les ivresses,
Jusqu'à ce que la Mort, cette vieille catin,
Nous tire par la manche au sortir d'un festin,
Et, nous amadouant de sa voix douce et fausse,
Nous fasse aller cuver notre vin dans la fosse.

(La Farce du Monde, *Moralité*.)

# ÉPIGRAPHES

## PLACÉES EN TÊTE DE DANIEL JOVARD

(Dans *les Jeunes-France*)

### I

Quel saint transport m'agite, et quel est mon délire!
Un souffle a fait vibrer les cordes de ma lyre ;
O Muses, chastes sœurs, et toi, grand Apollon,
Daignez guider mes pas dans le sacré vallon !
Soutenez mon essor, faites couler ma veine,
Je veux boire à longs traits les eaux de l'Hyppocrène,
Et, couché sur leurs bords, au pied des myrtes verts,
Occuper les échos à redire mes vers.

Daniel Jovard, avant sa conversion.

### II

Par l'enfer ! je me sens un immense désir
De broyer sous mes dents sa chair, et de saisir,
Avec quelque lambeau de sa peau bleue et verte,
Son cœur demi-pourri dans sa poitrine ouverte.

Le même Daniel Jovard, après sa conversion.

## WLADISLAS III

SURNOMMÉ LE VARNÉNIEN (1424-1444)

CHANT HISTORIQUE

(Traduit littéralement du polonais)

> En quelque sorte que ce soit, il ne lui fut jamais possible de faire retourner le Roy ; car il estimoit trop indigne du lieu qu'il tenoit et du sang dont il estoit sorty, qu'on l'eust veu desmarcher un seul pas en arrière.
> Tout que vers le soir son cheval ayant par les janissaires esté tué sous luy, fut à la fin mis à mort ce très-valeureux et invincible Prince, digne certes d'une plus longue vie.
> (BLAISE DE VIGENÈRE, *Les Chroniques et Annales de Pologne*, 1573.)

Une grande journée en Pologne connue,
Ce fut lorsque naquit à Jagellon un fils :
Toute la nation célébra sa venue
  Avec de joyeux cris.

En ce temps-là Witold, achevant de soumettre
Les Russiens du Wolga combattus vaillamment.
Revint, et salua le jeune roi son maitre
  D'un tendre embrassement.

Soulevant hautement l'enfant à tête blonde,
Il dit ceci : « Seigneur de la terre et des cieux,
Faites que ce cher prince en tous pays du monde
    Devienne glorieux. »

Ici l'on apporta des cadeaux de baptême;
Witold donna les siens; et puis dans un berceau
Coulé de pur argent, il déposa lui-même
    Le petit roi nouveau.

Il l'élevait à bien défendre la patrie;
Mais la mort, quand l'enfant eut douze ans, l'emporta.
Et Jagellon le vieux s'en allant de la vie,
    Sur son trône il monta.

Des viles passions il évita l'empire,
De Chobry dignement il suivit le chemin;
Il tint l'état en bride, et le sut bien conduire
    Avec sa forte main.

Ceux de Poméranie, et ceux de Moldavie,
Et ceux de Valachie, en foule accouraient tous
Comme à leur roi, devant son trône, à Varsovie,
    Plier les deux genoux.

Voyant comme c'était un prince grand et brave,
Pour avoir son appui, le peuple des Hongrois
Lui fit porter en pompe, ainsi qu'un humble esclave,
    La couronne des rois.

Son pouvoir s'affermit; et lorsque dans Byzance
Le trône des Césars chancelle, près de choir,
Rome et le monde entier dans sa seule vaillance
    Mettent tout leur espoir.

Son nom roule et grossit ainsi qu'une avalanche ;
Aux Turcomans domptés il fait mordre le sol,
Devant ses pas vainqueurs avec lui l'aigle blanche
  Porte en tous lieux son vol.

Quand il prit son chemin par le pays des Slaves,
Ceux-ci voyant pareils leur langage et leur foi,
Sous le joug étranger fatigués d'être esclaves,
  Le saluèrent roi.

Trop heureux si, content de régner avec gloire,
Sur les peuples nombreux à son trône soumis,
Il eût su maîtriser ses ardeurs de victoire
  Comme ses ennemis.

Le fidèle conseil souvent lui disait : « Sire,
Assez comme cela ; c'est assez de hauts faits.
Vaincre est beau ; mais la gloire est plus grande, à vrai dire,
  Qu'on gagne dans la paix. »

Mais Rome parlait haut à couvrir ce langage ;
Le monde l'appelait ; et, de tout oublieux,
Il part, et, sous Varna, contre les Turcs engage
  Un combat périlleux.

Les plus terribles coups, épouvante et mort pâle
Allaient dans la mêlée où son glaive avait lui,
Et tous ceux que touchait sa cuirasse royale
  Tombaient fauchés par lui.

Pour finir le combat que sa valeur prolonge,
Les Spahis, à grands cris, contre lui fondent tou
Et dans son front privé du casque la mort plonge
  Avec leurs mille coups.

Wladislas est tombé. Sous sa pesante armure
La terre pousse un triste et sourd gémissement;
Mort, la menace vit encor sur sa figure
   Crispée horriblement.

Comme le Marcellus d'Auguste et de Livie,
Qui ne fit que briller sur le monde et mourut,
Notre Varnénien, dans l'avril de sa vie,
   Brilla, puis disparut.

Avril 1834.

## PERPLEXITÉ

J'ai donné ma parole. — Allez, fermez la porte ;
Attachez-moi les pieds de peur que je ne sorte,
Et dites qu'on me donne une tasse de thé.

S'il vient un créancier, — vous les devez connaître, —
Il le faut avec soin jeter par la fenêtre,
Car je veux aujourd'hui rêver en liberté..

Si quelque femme vient, petit pied, main petite,
Qu'elle s'appelle Anna, Lisette ou Marguerite,
Ouvrez : — Qui fermerait sa porte à la beauté?

Chastes muses, — ô vous qui savez toutes choses,
Ce qui fait l'incarnat des vierges et des roses,
Ce qui fait la pâleur des lis et des amants ;

Vous qui savez de quoi les petits enfants rêvent,
Quel sens ont les soupirs qui dans les bois s'élèvent,
Et cent mille secrets on ne peut plus charmants :

O muses! — savez-vous ce que je m'en vais dire?
Je n'ai ni violon, ni guitare, ni lyre,
Et n'entends pas grand' chose au style des romans :

Et cependant il faut, car l'éditeur y compte,
Tirer de ma cervelle une ballade, un conte,
Je ne sais quoi de beau, de neuf et de galant

Ce sont des doigts d'ivoire, et de beaux ongles roses,
Qui froissent ces feuillets, dans les heures moroses
Où le temps ennuyé chemine d'un pied lent.

C'est dans votre boudoir, ô lectrice adorable,
Sur un beau guéridon de citron ou d'érable,
Qu'ira ce que j'écris, et j'y songe en tremblant,

Car vous avez le goût dédaigneux et superbe,
Et vous trouvez fort bien le chardon dans la gerbe
Au milieu des bluets et des coquelicots.

Madame, — excusez-moi, je ne suis pas poëte ;
Mon nom n'est pas de ceux qu'un siècle à l'autre jette,
Et qui dans tous les cœurs éveillent les échos.

Hélas ! — Je voudrais bien vous conter une histoire,
Comme vous les aimez, — bien terrible et bien noire, —
Avec enlèvements, duels et quiproquos ;

— Une intrigue d'amour, charmante et romanesque,
Où j'aurais, nuançant ma phrase pittoresque,
Pris sa pourpre à la rose, et leur azur aux cieux,

Au marbre de Paros, sa candeur virginale ;
Leur neige aux Apennins, son reflet à l'opale,
A l'ambre son parfum faible et délicieux ;

Où j'aurais, pour parer ma frêle créature,
Prodiguement vidé l'écrin de la nature,
Et créé deux soleils pour lui faire des yeux.

Je ne sais pas d'histoire et n'ai pas de maîtresse,
— Pas même un conte bleu, — pas même une duchesse,
Je n'ai pas voyagé, — que vous dirai-je donc?

Si le diable venait, en vérité, madame,
Pour un conte inédit je lui vendrais mon âme :
Ma faute est, je l'avoue, indigne de pardon.

Eh quoi? pas un seul mot! — pas une seule phrase!
Par l'eau de Castalie et l'aile de Pégase,
Clio, tu me paîras un si lâche abandon!

Le menton dans la main, les talons dans la braise,
Je suis là, l'œil en l'air, renversé sur ma chaise,
J'ai bien tout ce qu'il faut, — la plume et le papier, —

Il ne me manque rien, — presque rien, — une idée! —
Mon brouillon, de dessins a la marge brodée :
Ariel aujourd'hui se fait longtemps prier.

Ainsi qu'au bord d'un puits un pigeon qui veut boire,
Ma muse tord son col aux beaux reflets de moire,
Et n'ose pas tremper son bec dans l'encrier.

— Je n'imagine rien de sublime et de rare,
Sinon : — c'est une femme avec une guitare [1],
Et puis un cavalier penché sur un fauteuil.

Vous le voyez fort bien sans que je vous le dise. —
Quand on a regardé, quel besoin qu'on me lise?
Au burin du graveur je soumets mon orgueil.

---

[1] Cette pièce a été faite en 1834 pour un *Keepsake*, où elle accompagnait une gravure représentant une dame assise jouant de la guitare ; un cavalier se penche sur le dossier de son siége.

Mais peut-être — après tout — me faut-il rendre grâce,
Car j'aurais pu, suivant nos auteurs à la trace,
De galantes horreurs tacher ce frais recueil.

Songez-y : — j'aurais pu faire, avec jalousie,
Très-convenablement rimer Andalousie,
Et vous cribler le cœur à grands coups de stylet :

J'aurais pu vous mener à Venise en gondole,
Depuis le masque noir jusqu'à la barcarolle,
Déployer à vos yeux le bagage complet ;

Et les jurons du temps, et la couleur locale,
Je vous épargne tout : — ô faveur sans égale. —
Sur ce. je vous salue, et suis votre valet.

1834.

## PROPOS DU CHANT DU CYGNE

#### DERNIERS VERS DE NOURRIT

Le Cygne, lorsqu'il sent venir l'heure suprême,
  En chants mélodieux
A la blonde lumière, au beau fleuve qu'il aime,
  Soupire ses adieux !

Ainsi cette pauvre âme, à la rive lointaine,
  Lasse de trop souffrir,
S'exhalait en doux chants et déplorait sa peine
  Au moment de mourir !

1839.

## LA TULIPE

### SONNET

Moi, je suis la tulipe, une fleur de Hollande,
Et telle est ma beauté, que l'avare flamand
Paye un de mes oignons plus cher qu'un diamant.
Si mes fonds sont bien purs, si je suis droite et grande.

Mon air est féodal, et comme une Yolande
Dans sa jupe à longs plis étoffée amplement,
Je porte des blasons peints sur mon vêtement;
Gueules fascé d'argent, or avec pourpre en bande.

Le jardinier divin a filé de ses doigts
Les rayons du soleil et la pourpre des rois
Pour me faire une robe à trame douce et fine.

Nulle fleur du jardin n'égale ma splendeur,
Mais la nature, hélas! n'a pas versé d'odeur
Dans mon calice fait comme un vase de Chine

1839

## LE 28 JUILLET 1840

### I

Sous le regard de Dieu, ce témoin taciturne,
Dix ans, — déjà dix ans ! ont renversé leur urne
Dans ce tonneau sans fond qu'on nomme éternité,
Depuis que, délaissés dans leur tombe anonyme,
A tous les carrefours, sous le pavé sublime,
Gisent les saints martyrs morts pour la liberté !

Une terre jetée à la hâte les couvre.
Ceux-ci, gardiens muets, sont restés près du Louvre
Au Champ-de-Mars lointain, ceux-là sont en exil,
Le reste dort couché dans la fange des halles,
Et la foule enrouée, aux clameurs triviales,
Étourdit leur sommeil avec son vain babil.

Quand minuit fait tinter ses notes solennelles,
Ils se disent, cherchant les cendres fraternelles,
Et tendant leurs bras d'ombre à quelque cher lambeau :
« Puisque nous n'avions tous qu'une même pensée,
« Foule vers un seul but par un seul vœu poussée,
« Pourquoi donc séparer nos corps dans le tombeau ?

« Ah ! comme il serait doux pour notre âme ravie
« D'être unis dans la mort ainsi que dans la vie,
« De conserver nos rangs comme au jour du combat
« Et de sentir encore, au contact électrique
« D'une poussière aimée ou d'un crâne héroïque,
« Notre cœur desséché qui revit et qui bat !

« Le soleil de Juillet, le soleil tricolore,
« Dans le ciel triomphal va rayonner encore :
« Réunissez nos os pour ce jour solennel !
« Qu'on nous donne un tombeau digne de Babylone,
« Tout bronze et tout granit, quelque haute colonne
« Avec nos noms gravés, et le chiffre immortel !

« Car il ne fut jamais de plus noble victoire,
« Et toute gloire est terne auprès de notre gloire !
« Phalange au cœur stoïque et désintéressé ;
« Contre le fait brutal, contre la force injuste,
« Nous soutenions les droits de la pensée auguste,
« Soldats de l'avenir combattant le passé ! »

## II

Soyez satisfaits, morts illustres,
Votre jour sera bien fêté,
Vous pouviez attendre deux lustres,
Ayant à vous l'éternité !
Mais la France a bonne mémoire ;
Sa main fidèle, à toute gloire
Garde du marbre et de l'airain ;
Et les corps criblés de mitrailles
Ont de plus riches funérailles
Que n'en aurait un souverain !

La France est grande et magnanime ;
Elle a sur ses autels pieux,
Impartialité sublime,
Une place pour tous ses dieux !
Et, sans avoir peur d'aucune ombre,
D'aucun nom rayonnant ou sombre,
Elle accorde à tous un linceul.
Pour vous un sépulcre se fonde,
Et l'on va prendre au bout du monde
L'empereur, lassé d'être seul !

A l'endroit où fut la Bastille,
Sol sacré bien doux pour vos os,
Vous irez dormir en famille,
Nobles enfants des vieux héros !
Aux yeux de la foule en extase,
Qui pleure et qui prie à la base,
S'élève votre Panthéon !
Une colonne fière et haute,
Airain digne d'avoir pour hôte
Trajan ou bien Napoléon.

Sur le socle accroupi grommèle
Le grand lion zodiacal ;
A son rugissement se mêle
Le chant du coq national ;
Et, couronnement magnifique,
Une liberté symbolique,
Toujours prête à prendre l'essor,
Dans la lumière qui la noie,
Comme un oiseau divin, déploie
Son immense envergure d'or !

Dans des fêtes patriotiques,
A vos carrefours glorieux

L'on ira chercher vos reliques,
Qu'attend le caveau radieux,
Dans leurs chants sacrés, les poëtes,
Par qui toutes gloires sont faites,
Rendront votre nom éternel !
Pour qui meurt en donnant l'exemple,
Le sépulcre devient un temple,
Et le cercueil est un autel !

### III

Sur cette tombe, autel de la nouvelle France,
Poëte, je me plais à voir en espérance
Déposer un berceau, de tant d'éclat surpris ;
Le berceau de l'enfant qui n'est encor qu'un ange,
Sur le sein maternel jouant avec la frange
De l'épée en or fin que lui donna Paris !

Au poëte, au tribun, cette union doit plaire,
Du berceau dynastique au tombeau populaire !
Car le peuple à présent fait et sacre les rois !
La liberté, voilà leur plus sûre patronne,
Et la plus ferme base à mettre sous un trône,
Ce sont les corps tombés pour défendre les lois !

De ce sang précieux, plus pur que le vieux chrême,
Mélangez une goutte aux flots saints du baptême,
Afin d'oindre à la fois le prince et le chrétien.
Sous l'invocation des tombes triomphales,
Allez, au jour fixé, bénir les eaux lustrales
Qui font un catholique et font un citoyen !

Car l'on est plus sévère, en ce siècle où nous sommes,
Envers les pauvres rois qu'envers les autres hommes !
On leur demande tout, on leur accorde peu ;
Et, pour qu'ils trouvent grâce au bout de leur journée,
Il leur faut recevoir, sur leur tête inclinée,
Le baptême du peuple avec celui de Dieu !

Celui que l'on nomma depuis *le Fils de l'Homme*,
Tout d'abord fut sacré du nom de roi de Rome,
Comme un jeune empereur, comme un fils de César !
Ses langes étaient faits de pourpre impériale ;
L'aigle étendait sur lui son aile triomphale ;
Des béliers aux pieds d'or le traînaient dans un char !

Certes, s'il fut jamais existence inouïe,
Gloire à faire baisser la paupière éblouie,
Vertigineux éclat, ciel étoilé de feux,
Immense entassement, Babel invraisemblable,
C'est ce règne éclipsé qui nous semble une fable,
Et dont tous les acteurs sont déjà demi-dieux !

Cet enfant, pour hochet, eut la boule du monde,
Et le Titan son père, en sa tête profonde,
Lui rêvait un empire, un règne surhumain.
Hélas ! tout a passé comme l'ombre d'un rêve,
Comme le flot tari qui déserte la grève,
Et ce jour radieux n'eut pas de lendemain !

Un autre, pauvre enfant, sur la terre étrangère,
Privé des doux baisers de la France sa mère,
S'en va, puni d'erreurs dont il est innocent.
Sur la tige des lis, fleur nouvelle, âme blanche,
Il devait rajeunir et relever la branche,
Et tout semblait sourire à son destin naissant.

Mais, négligence folle, aveuglement suprême,
L'on avait oublié d'inviter au baptême
Une magicienne au merveilleux pouvoir,
Dont les plaintes en vain ne sont pas étouffées,
Et qui dote les rois de tous les dons des fées
La sage Liberté, fille du saint devoir!


IV

Enfant, une telle marraine
Protège un roi de tout péril,
Et sa baguette souveraine
Conjure la chute et l'exil.
Comme au temple un nid de colombe,
Le berceau posé sur la tombe
Attire le divin rayon;
Le monde attend, la France espère,
Et déjà l'avenir prospère
Vit en germe dans le sillon.

De cette France glorieuse
Sans doute un jour tu seras roi!
De notre œuvre laborieuse
Les fruits tardifs seront pour toi!
Sous la terre, encore enfermée,
La moisson, par nos mains semée,
Te donnera des épis mûrs;
L'arbre, pour nous privé d'ombrage,
Te couvrira d'un vert feuillage,
Nos pierres te feront des murs!

Tu finiras les édifices
Dont nous jetons les fondements,

Au prix de tant de sacrifices,
Sur des débris encor fumants!
Surtout laisse toujours l'idée,
A ton oreille non gardée,
Chuchoter le verbe nouveau;
C'est par le verbe qu'on gouverne,
Et le diadème moderne
N'est que le cercle d'un cerveau!

Que le sculpteur et le poëte
Avec le marbre, avec le vers,
D'une forme noble et parfaite,
Parent le nouvel univers!
Que palais, tours, dômes, églises,
Sur le ciel des villes surprises,
Tracent, en lettres de granit,
Les symboles et les pensées
Des générations poussées
Sur le vieux monde rajeuni.

Du haut de ta gloire étoilée,
Songe à ceux qui souffrent en bas,
Secours la misère voilée,
Au génie obscur tends les bras!
Sois le monarque et le pontife,
Et rends l'antique hiéroglyphe
Pour tous intelligible et clair;
Que sur ta tête la tiare
Brille dans l'ombre, comme un phare
Au bord du peuple, — cette mer!

Mais ce beau jour n'est qu'une aurore,
Un rêve où l'âme se complaît;
L'homme n'est qu'un enfant encore,

Bouche rose, blanche de lait ;
Son sceptre est un hochet d'ivoire,
Sa pourpre, une robe de moire,
Il dort, et sourit sans effroi ;
Ne pouvant pas encor comprendre,
Oh ! pur bonheur de l'âge tendre,
Qu'il est marqué pour être roi !

## LA PÉRI

Toujours les Paradis ont été monotones
La douleur est immense et le plaisir borné,
Et Dante Alighieri n'a rien imaginé
Que de longs anges blancs avec des nimbes jaunes.
Les musulmans ont fait du ciel un grand sérail,
Mais il faut être Turc pour un pareil travail!

Une Péri là-haut s'ennuyait, quoique belle,
C'est être malheureux que d'être heureux toujours.
Elle eût voulu goûter nos plaisirs, nos amours,
Être femme et souffrir, ainsi qu'une mortelle.
L'éternité, c'est long! — Qu'en faire, à moins d'aimer?
Elle s'éprit d'Achmet : qui pourrait l'en blâmer?

1843.

## LE LION DE L'ATLAS

Dans l'Atlas, — je ne sais si cette histoire est vraie, —
Il existe, dit-on, de vastes blocs de craie,
Mornes escarpements par le soleil brûlés ;
Sur leurs flancs, les ravins font des plis de suaire ;
A leur base s'étend un immense ossuaire,
De carcasses à jour et de crânes pelés.

Car le lion rusé, pour attirer le pâtre,
Le Kabyle perdu dans ce désert de plâtre,
Contre le roc blafard frotte son mufle roux.
Fauve comédien, il farde sa crinière,
Et, s'inondant à flots de la pâle poussière,
Se revêt de blancheur ainsi que d'un burnous ;

Puis, au bord du chemin il rampe, il se lamente,
Et de ses crins menteurs fait ondoyer la mante,
Comme un homme blessé qui demande secours.
Croyant voir un mourant se tordre sur la roche,
A pas précipités le voyageur s'approche
Du monstre travesti qui hurle et geint toujours.

Quand il est assez près, la main se change en griffe,
Un long rugissement suit la plainte apocryphe,

Et vingt crocs dans les chairs enfoncent leurs poignards.
— N'as-tu pas honte, Atlas, montagne aux nobles cimes,
De voir tes grands lions, jadis si magnanimes,
Descendre maintenant à des tours de renards?

1846.

## LE BÉDOUIN ET LA MER

Pour la première fois, voyant la mer à Bone,
Un Bédouin du désert, venu d'El-Kantara,
Comparait cet azur à l'immensité jaune,
Que piquent de points blancs Tuggurt et Biskara,

Et disait, étonné, devant l'humide plaine :
« Cet espace sans borne, est-ce un Sahara bleu,
Plongé, comme l'on fait d'un vêtement de laine,
Dans la cuve du ciel par un teinturier dieu? »

Puis, s'approchant du bord, où, lasses de leurs luttes,
Les vagues, retombant sur le sable poli,
Comme un chapiteau grec contournaient leurs volutes
Et d'un feston d'argent s'ourlaient à chaque pli :

« C'est de l'eau! cria-t-il, qui jamais l'eût pu croire?
Ici, là-bas, plus loin, de l'eau, toujours, encor!
Toutes les soifs du monde y trouveraient à boire
Sans rien diminuer du transparent trésor;

« Quand même le chameau, tendant son col d'autruche,
La cavale, dans l'auge enfonçant ses naseaux,

Et la vierge noyant les flancs blonds de sa cruche,
Puiseraient à la fois au saphir de ses eaux ! »

Et le Bédouin, ravi, voulut tremper sa lèvre
Dans le cristal salé de la coupe des mers :
« C'était trop beau, dit-il ; d'un tel bien Dieu nous sèvre,
Et ces flots sont trop purs pour n'être pas amers ! »

1846

# ÉBAUCHE DE PIERROT POSTHUME

EN VERS LIBRES

## SCÈNE PREMIÈRE

ARLEQUIN. — COLOMBINE

ARLEQUIN.
Un mot, de grâce, Colombine!
COLOMBINE.
Que me veut le sieur Arlequin?
ARLEQUIN.
Vous offrir un cadeau qui n'a rien de mesquin.
COLOMBINE.
Un cadeau? Je m'arrête. — Est-ce une perle fine,
Un diamant, ou bien encor
La chaîne de Venise en or
Dont j'eus tant d'envie à la foire?
Votre galanterie, en l'achetant pour moi,
A fait un acte méritoire
Et dont je garderai mémoire,
Allons vite, donnez....
ARLEQUIN
Eh quoi!
La chaîne de Venise! Ah! fi donc!
COLOMBINE.
Alors, qu'est-ce?

ARLEQUIN.

Oh! mille fois mieux que cela!
Un présent de bon goût; il est enfermé là.

COLOMBINE.

Là! dans cette petite caisse¹

ARLEQUIN.

Oui; regardez !

COLOMBINE.

Grands dieux! que vois-je? une souris!

ARLEQUIN.

A votre intention cette nuit je l'ai prise.
Ce n'est point une souris grise,
Une souris de peu de prix;
Elle est blanche comme l'hermine,
Vive, spirituelle et fine,
Et je lui trouve, moi, beaucoup de votre mine.

COLOMBINE.

Les régals qui par vous sont aux dames offerts
Ont du moins l'agrément de n'être pas très-chers,
Et ce n'est pas ainsi qu'un galant se ruine
Vous volez vos cadeaux aux chats
Et pour écrins donnez des souricières;
Je vous en avertis, ce sont là des manières
A ne réussir point près des cœurs délicats!

ARLEQUIN.

Cette souris dans cette boîte,
C'est mon âme, en prison étroite
Mise par vos divins appas!
Comme elle, prenez-la, Colombine fantasque,
Car je pâlis d'amour sous le noir de mon masque,
Et votre œil seul ne le voit pas.
Acceptez cet hommage, ô beauté sans seconde!
De l'Arlequin le plus épris du monde.
C'en est fait, Cupidon m'a saisi dans ses lacs!

Les moulins que Montmartre offre aux yeux sur sa butte,
    Ne tournent plus qu'au vent de mes soupirs;
Et sous votre balcon chaque jour j'exécute,
    Pour sérénade, une culbute,
Timide expression de mes brûlants désirs!

COLOMBINE.

Ah! monsieur Arlequin, prolonger ce langage
A ma pudicité serait faire un outrage!
Qui vous rend si hardi de me faire la cour?
Je suis honnête et mariée.

ARLEQUIN.

                A peine;
Auprès de vous Pierrot ne resta qu'un seul jour,
Il lui fallut quitter aussitôt ce séjour,
Car l'habitation des rives de la Seine
    Décidément lui devenait malsaine;
      En proie aux curiosités
      De certains juges entêtés
      A s'occuper de ses affaires,
Il partit pour l'Espagne et fut pris des corsaires!

COLOMBINE.

Hélas! pris et pendu! car le pauvre garçon
    N'avait pas dans l'escarcelle
    De quoi payer sa rançon;
Alors ils ont occis des époux le modèle!
    Mais c'est assez; plus un mot,
    Car la femme de Pierrot
    Ne doit pas être soupçonnée!

. . . . . . . . . .
. . . . . . . . . ,

1847.

# LE GLAS INTÉRIEUR

Comme autrefois pâle et serein
Je vis, du moins on peut le croire,
Car sous ma redingote noire
J'ai boutonné mon noir chagrin.
Sans qu'un mot de mes lèvres sorte,
Ma peine en moi pleure tout bas ;
Et toujours sonne comme un glas
Cette phrase : Ta mère est morte !

Au bois de Boulogne on me voit,
Comme un dandy que rien n'occupe,
Suivre à cheval un pli de jupe
Sous l'ombre du sentier étroit.
Même quand le galop m'emporte,
Ma peine vole sur mes pas,
Et toujours sonne comme un glas
Cette phrase : Ta mère est morte !

A l'Opéra, comme autrefois,
Je tiens au bout de ma lorgnette
La Carlotta qui pirouette
Ou Duprez qui poursuit sa voix.

A la musique douce ou forte
Ma peine mêle son hélas!
Et toujours sonne comme un glas
Cette phrase : Ta mère est morte!

1848.

## LA NEIGE

#### FANTAISIE D'HIVER

La bruine toujours pleure
Sur notre sol consterné;
Le soleil piteux demeure
De brouillards enfariné.

La neige, fourrure blanche,
Ourle le rebord des toits;
Elle poudre chaque branche
De la perruque des bois.

Sous son linceul, elle enferme
Les plus lointains horizons;
A la barbe du dieu Terme
Elle suspend des glaçons.

Dans ses rêts froids et tenaces,
Au vol elle abat l'oiseau,
Et se durcissant en glaces,
Fige le poisson dans l'eau.

Sur la vitre des mansardes
Elle étale ses pâleurs,
Et fait aux lunes blafardes
Un teint de pâles couleurs.

Nos Vénus trop court vêtues
En cachant la nudité,
La neige tisse aux statues
Un voile de chasteté.

Bonne en ces heures maussades,
En ces mortelles saisons,
Elle fournit des glissades
Pour le jeu des polissons!

Elle coiffe la montagne
D'un cimier fol et changeant,
Et jette sur la campagne
Son manteau de vif-argent.

Sous les pieds de la fillette
Elle étend son blanc tapis,
Et pour l'amant qui la guette
Rend ses pas plus assoupis.

Elle attache la pituite
Au nez transi des bourgeois;
Mais au rêveur qui médite
Elle dit, trouvant la voix :

« C'est moi qui suis ta Giselle,
Ta vaporeuse willi;
Je suis jeune, je suis belle,
J'ai froid; -- ouvre-moi ton lit?

Déposant ma houppelande
Et mes gants en peau de daim,
Je te dirai la légende
Du grand paradis d'Odin. »

Or, un poëte un peu tendre
Et qui chez lui fait du feu,
Ne peut jamais faire attendre
Une fillette à l'œil bleu!

1ᵉʳ janvier 1850

## SONNET

Parfois une Vénus, de notre sol barbare,
Fait jaillir son beau corps des siècles respecté,
Pur, comme s'il sortait, dans sa jeune beauté,
De vos veines de neige, ô Paros, ô Carrare!

Parfois, quand le feuillage à propos se sépare,
Dans la source des bois luit un dos argenté ;
De sa blancheur subite une divinité
Droite et nue, éblouit le chasseur qui s'égare.

A Stamboul la jalouse, un voile bien fermé
Parfois s'ouvre, et trahit sous l'ombre diaphane
La cadine aux longs yeux que brunit le surmé.

Mais toi, le même soir, sur ton lit parfumé,
Tu m'as fait voir Vénus, Zoraïde et Diane,
Corps de déesse grecque, à tête de sultane!

1850.

# MODES ET CHIFFONS

**SONNET**

Si comme Pétrarque et le vieux Ronsard,
Viole d'amour ou lyre païenne,
De fins concettis à l'italienne,
Je savais orner un sonnet plein d'art ;

Je vous en ferais, fée au bleu regard,
Dans le pur toscan que l'on parle à Sienne,
Ou dans un gaulois de saveur ancienne,
Sur votre arrivée ou votre départ ;

Sur vos gilets blancs et vos amazones,
Sur les frais chapeaux, roses, noirs ou jaunes,
Que fleurit pour vous madame Royer ;

Sur le Chantilly bordant vos mantilles,
Sur vos peppermints et sur vos manilles ;
Mais je n'en fais qu'un — pour te l'envoyer.

1851.

## LES LIONS DE L'ARSENAL, A VENISE

(IMITÉ DE GŒTHE)

Deux grands lions, rapportés de l'Attique,
Font sentinelle aux murs de l'Arsenal,
Paisiblement ; — près du couple antique
Tout est petit : porte, tour et canal.

Ils semblent faits pour le char de Cybèle,
Tant ils sont fiers ; et la mère des Dieux
Voudrait au joug ployer leur cou rebelle,
Si pour la terre elle quittait les cieux.

Mais maintenant ils gardent la poterne,
Tristes, sans gloire ; et l'on entend ici
Miauler partout le chat ailé moderne,
Que pour patron Venise s'est choisi !

1851.

# FRAGMENTS

Intercalés dans l'opéra : *Maître Wolfram.*

## I

WOLFRAM

Lorsque la solitude et la mélancolie
De leurs vagues tourments torturent ma langueur,
Et me font souvenir de tout ce qui m'oublie
En murmurant tout bas : Amour, gloire et bonheur.
Comme avec un ami qui comprend votre peine
Et dont le cœur ému bat en vous répondant,
Mon chagrin, ignoré de Wilhelm et d'Hélène,
S'épanche et se console avec ce confident.

(Montrant l'orgue.)

Douce harmonie,
O voix de Dieu bénie,
Comme un génie,
Tu calmes mes tourments ;
Ta voix à mon oreille,
Lorsque le jour s'éveille,
Efface de ma veille
Les plus cruels moments.

## II

### HÉLÈNE

COUPLETS

1

Je crois ouïr dans les bois
  Une voix,
Le vent me parle à l'oreille,
La fleur me dit ses secrets
  Les plus frais,
Et le ramier me conseille ;
Ah ! c'est mon cœur qui s'éveille !

2

Je me sens une langueur
  Dans le cœur,
Je deviens pâle ou vermeille,
Gaie ou rêveuse en un jour
  Tour à tour,
Un songe éblouit ma veille,
Ah ! c'est mon cœur qui s'éveille !

1854

## NATIVITÉ

Au vieux palais des Tuileries,
Chargé déjà d'un grand destin,
Parmi le luxe et les féeries
Un Enfant est né ce matin.

Aux premiers rayons de l'aurore,
Dans les rougeurs de l'Orient,
Quand la ville dormait encore,
Il est venu, frais et riant,

Faisant oublier à sa mère
Les croix de la maternité,
Et réalisant la chimère
Du pouvoir et de la beauté.

Les cloches à pleines volées
Chantent aux quatre points du ciel;
Joyeusement leurs voix ailées
Disent aux vents : Noël, Noël!

Et le canon des Invalides,
Tonnerre mêlé de rayons,
Fait partout aux foules avides
Compter ses détonations.

Au bruit du fracas insolite
Qui fait trembler son piédestal,
S'émeut le glorieux stylite
Sur son bronze monumental.

Les aigles du socle s'agitent,
Essayant de prendre leur vol,
Et leurs ailes d'airain palpitent
Comme au jour de Sébastopol.

Mais ce n'est pas une victoire
Que chantent cloches et canons;
Sur l'Arc de Triomphe, l'Histoire
Ne sait plus où graver des noms?

C'est un Jésus à tête blonde
Qui porte en sa petite main,
Pour globe bleu la paix du monde,
Et le bonheur du genre humain.

Sa crèche est faite en bois de rose,
Ses rideaux sont couleur d'azur;
Paisible en sa conque il repose,
Car : *Fluctuat nec mergitur*.

Sur lui la France étend son aile;
A son nouveau-né, pour berceau,
Délicatesse maternelle,
Paris a prêté son vaisseau.

Qu'un bonheur fidèle accompagne
L'Enfant impérial qui dort,
Blanc comme les jasmins d'Espagne,
Blond comme les abeilles d'or!

Oh! quel avenir magnifique
Pour son enfant a préparé
Le Napoléon pacifique,
Par le vœu du peuple sacré!

Jamais les discordes civiles
N'y feront, pour des plans confus,
Sur l'inégal pavé des villes
Des canons sonner les affûts.

Car la France, Reine avouée
Parmi les peuples, a repris
Le nom de « France la louée, »
Que lui donnaient les vieux écrits.

Futur César, quelles merveilles
Surprendront tes yeux éblouis,
Que cherchaient en vain dans leurs veilles
François, Henri-Quatre et Louis!

A ton premier regard, le Louvre,
Profil toujours inachevé,
En perspective se découvre;
Tu verras ce qu'on a rêvé!

Paris, l'égal des Babylones,
Dentelant le manteau des cieux
De dômes, de tours, de pylônes,
Entassement prodigieux,

Au centre d'une roue immense
De chemins de fer rayonnants,
Où tout finit et tout commence,
Mecque des peuples bourdonnants!

Civilisation géante,
Oh! quels miracles tu feras
Dans ta cité toujours béante,
Avec l'acier de tes cent bras!

Isis, laissant lever ses voiles,
N'aura plus de secrets pour nous,
La Paix, au front cerclé d'étoiles,
Bercera l'Art sur ses genoux.

L'Ignorance, aux longues oreilles,
Bouchant ses yeux pour ne pas voir,
Devant ces splendeurs non pareilles
Se verra réduite à savoir;

Et Toi, dans l'immensité sombre,
Avec un respect filial,
Au milieu des soleils sans nombre
Cherche au ciel l'astre impérial;

Suis bien le sillon qu'il te marque,
Et vogue, fort du souvenir,
Dans ton berceau devenu barque
Sur l'océan de l'avenir!

16 mars 1856, midi

## LES JOYEUSETÉS DU TRÉPAS

De son destrier qui se cabre
Il jette à bas le chevalier,
Qu'il pousse à la danse macabre
En retournant le sablier.

Avec un crâne joue aux quilles
Aux tonnelles des cabarets,
Du boiteux casse les béquilles,
Du coureur coupe les jarrets!

Pour modèle offrant son squelette,
Pose en verni dans l'atelier.
Arrache au peintre sa palette,
Fier comme Job sur son fumier!

Pousse une botte au maître d'armes,
— Botte secrète et bien à fond, —
Prend l'enfant à la mère en larmes,
Ote sa marotte au bouffon;

Avec le camail du chanoine
Encadre son masque camus,
S'asseoit dans la stalle du moine
Dont il interrompt l'*Oremus*.

Pour s'y mettre il chasse du trône
L'Empereur tout pâle d'effroi,
Et pose sur son crâne jaune
La couronne arrachée au roi.

Malgré les clefs et la tiare
Il prend le Pape au Vatican,
Et, railleur, au ballet bizarre
Il lui fait danser le cancan?

1857.

## CHANSON A BOIRE

A Bacchus, biberon insigne,
Crions : « Masse ! » et chantons en chœur :
Vive le pur sang de la vigne
Qui sort des grappes qu'on trépigne !
Vive ce rubis en liqueur !

Nous autres prêtres de la treille,
Du vin nous portons les couleurs.
Notre fard est dans la bouteille
Qui nous fait la trogne vermeille
Et sur le nez nous met des fleurs.

Honte à qui d'eau claire se mouille
Au lieu de boire du vin frais.
Devant les brocs qu'il s'agenouille !
Ou soit mué d'homme en grenouille
Et barbotte dans les marais !

## LES RODEURS DE NUIT

Minuit résonne au beffroi sombre ;
Débauchés, voleurs et hiboux,
Peuple furtif qu'éveille l'ombre,
Joyeusement quittent leurs trous.

On voit courir aux aventures
Les gentilshommes de la nuit.
Les bourgeois, sous leurs couvertures,
Se blottissent, tremblant au bruit

Ce sont des duels sous les lanternes,
Des cris de ribaudes qu'on bat,
Des pots cassés dans les tavernes,
Et des chants, échos du sabbat.

…. Tout se tait. — La patrouille passe,
Rhythmant son pas sur le pavé.
Le noir essaim fuit dans l'espace.. . ..
Le matin honnête est levé !

1864.

## LE PROFIL PERDU

STANCES SUR UNE AQUARELLE DE LA PRINCESSE M***

Qu'elle me plaît, en son costume antique,
Cette beauté, blanche sur un fond noir,
Rêve d'amour qu'un pinceau poétique
Cache à demi, pour mieux la faire voir !

On n'aperçoit de toute la figure
Qu'un bras superbe et qu'un profil perdu ;
Mais si charmant, si parfait, qu'on augure
Bien des trésors dans ce sous-entendu !

Un lourd chignon baigne la nuque blonde,
Flots d'or où luit un peigne en diamants ;
Vénus ainsi, dut, au sortir de l'onde,
Tordre et nouer ses cheveux écumants.

A l'art exquis, s'ajoute le mystère,
Le Sphynx coquet irrite le désir,
Mais il dit tout en paraissant se taire ;
S'il se tournait, nous mourrions de plaisir !

22 mai 1865.

## A ERNEST HÉBERT

SUR SON TABLEAU

LE BANC DE PIERRE

Au fond du parc, dans une ombre indécise,
Il est un banc, solitaire et moussu,
Où l'on croit voir la Rêverie assise,
Triste et songeant à quelque amour déçu.
Le souvenir dans les arbres murmure,
Se racontant les bonheurs expiés,
Et, comme un pleur, de la grêle ramure,
    Une feuille tombe à vos pieds.

Ils venaient là, beau couple qui s'enlace,
Aux yeux jaloux tous deux se dérobant,
Et réveillaient, pour s'asseoir à sa place,
Le clair de lune endormi sur le banc.
Ce qu'ils disaient, la maîtresse l'oublie ;
Mais l'amoureux, cœur blessé, s'en souvient,
Et, dans le bois, avec mélancolie,
    Au rendez-vous, tout seul, revient.

Pour l'œil qui sait voir les larmes des choses,
Ce banc désert regrette le passé,

Les longs baisers et le bouquet de roses,
Comme un signal à son angle placé.
Sur lui la branche à l'abandon retombe,
La mousse est jaune et la fleur sans parfum·
La pierre grise a l'aspect de la tombe
    Qui recouvre l'amour défunt !....

1865.

## TRADUCTION LITTÉRALE

Des fragments en vers qui se trouvent dans

## L'ÉPICURIEN [1]

### I

Sur l'eau pure du lac, dans la lueur du soir,
    Le reflet d'un temple s'allonge.
La fille de Corinthe y vient, et va s'asseoir
    A l'escalier qui dans l'eau plonge.
Elle feuillette un livre et se penche en rêvant.
    Placé près d'elle, un jeune sage
Écarte ses cheveux dénoués, dont le vent
    Fait flotter l'ombre sur la page.

---

[1] Voir *L'Épicurien*, par Thomas Moore; la prose traduite par B Butat, les vers par Théophile Gautier. 1 vol. — in-8. Paris, 1865.

## II

Si ce n'était cette voix du tombeau
    Qui vient chuchoter à la joie,
Ce corps charmant, ce visage si beau,
    Ce soir des vers seront la proie ;
Si ce n'était cette amertume au cœur,
Dans cette vie, oh ! combien de bonheur !
Comme mon âme, à l'absorber avide,
Ne quitterait la coupe d'or que vide !
Dieu je serais, changeant la terre en cieux,
Si le plaisir pouvait faire les dieux !

III

Aussi loin qu'aux clartés du plus limpide azur
Que jamais sur la sphère ait tendu le ciel pur,
L'œil saisit des objets les formes apparues,
On découvre toujours des jardins et des rues
Marquant de leurs piliers des parcours infinis,
Des temples, vaste amas de marbres, de granits.
Des palais de porphyre énormes et splendides,
Et s'élançant des eaux de hautes pyramides
Plus vieilles que le temps, et dont l'Éternité
N'ébréchera jamais le profil respecté.

Cependant sur le lac tout est tumulte et joie,
Et l'animation largement s'y déploie;
Le commerce, l'amour et le culte des dieux
Y forment un spectacle étrange et radieux.
Une procession sur les marches des temples
Avec ses prêtres blancs vêtus de robes amples
Se développe au son des cymbales d'argent.
Des embarcations au sillon diligent
Descendent vers la mer, venant de ces contrées
Qu'assourdissent du Nil les chutes effarées,
Avec leur cargaison riche comme un trésor,

Plumes, gemmes, parfums, ivoire et poudre d'or,
Au passage exhalant l'odeur aromatique
Que prennent les vaisseaux au soleil exotique..

Ici des pèlerins, enfants de tous pays,
Avant de repartir pour Bubaste ou Saïs,
Dans une baie ombreuse où l'onde est plus tranquille
Poussent l'esquif léger avec la rame agile.
D'autres sous les lotus bercent leur frais sommeil,
Ou par des chants joyeux se tiennent en éveil.
Plus loin des acacias parfument de leurs grappes
Une plage où du lac fendant les claires nappes
Folâtre un jeune essaim de riantes beautés
En attraits surpassant les charmes si vantés
De celle dont la chaîne aimable au captif même
Tint deux maîtres du monde et rompit au troisième.

IV

. . . . . . . . . . . . . . Astre dont le rayon
S'épanchant sur le monde aux heures taciturnes,
Fait éclore le rêve avec les fleurs nocturnes,
Non cette lune froide et brumeuse du nord,
Versant aux jeunes cœurs, comme un philtre de mort,
Le sang pâle et glacé de la vestale chaste;
Mais l'ardente Phœbé qui règne dans Bubaste,
Et ne voit rien, du haut de son brillant séjour,
Chez l'homme et chez les dieux d'aussi beau que l'amour!

## V

Rhodope, cette nymphe à la beauté splendide,
Qui vit, dit-on, plongée en un demi-sommeil,
Sur l'or et les bijoux inconnus au soleil,
    La Dame de la Pyramide !

VI

Vous qui voulez courir
La terrible carrière,
Il faut vivre ou mourir
Sans regard en arrière.

Vous qui voulez tenter
L'onde, l'air et la flamme,
Terreurs à surmonter
Pour épurer votre âme,

Si, méprisant la mort,
Votre foi reste entière,
En avant ! — le cœur fort
Reverra la lumière.

Et lira sur l'autel
Le mot du grand mystère
Qu'au profane mortel
Dérobe un voile austère.

## VII

Bois cette coupe — Osiris la savoure
A petits traits dans l'empire des morts:
Il la fait boire au peuple qui l'entoure,
Chaque fantôme en effleure les bords.

Bois cette coupe — elle est, tout frais, remplie
D'une eau puisée au fleuve du Léthé;
En la vidant tout le passé s'oublie
Comme un vain songe au matin emporté!

    Le plaisir, fausse ivresse,
    Vin mêlé de poison;
    La science, maîtresse
    A la dure leçon;

    L'espoir brillant et vide,
    Semblable aux lacs amers,
    Trompant la lèvre avide
    Aux sables des déserts;

    L'amour dont la main noue
    Des liens innocents

Où le serpent se joue
En replis malfaisants ;

Tout ce que tu connus de mauvais ou d'infâme
Disparaitra soudain dans un oubli profond,
De tout ressouvenir laissant pure ton âme
Quand ta soif de la coupe aura tari le fond.

## VIII

Bois cette coupe — elle est pleine d'un divin baume.
Quand Isis vint aux cieux, Horus entre les bras,
Elle dit à son fils, lui montrant son royaume,
    Bois cette coupe et toujours tu vivras!

Je te dis et te chante, ainsi que la déesse,
Toi qui des vastes cieux un jour hériteras;
Fusses-tu dans l'abîme, âme et corps en détresse,
    Bois cette coupe et toujours tu vivras!

## IX

La Mémoire viendra, menant le chœur des rêves,
Rêves d'un temps plus beau, plus ancien et plus pur;
Quand l'âme, hôte des cieux, n'avait pas sur les grèves
Laissé choir le duvet de ses ailes d'azur;

Souvenirs glorieux, pareils à cette flamme
Que lance, en s'éteignant, sur les eaux l'astre d'or,
Qui montre ce que fut et ce que n'est plus l'âme,
Mais ce qu'elle pourrait brillamment être encor.

## X

O bel arbre d'Abyssinie !
Nous te prions par ton fruit d'or,
Par la pourpre à l'azur unie
Dans ta fleur plus splendide encor,
Par la muette bienvenue
Dont ta ramure, en s'abaissant,
D'un air hospitalier salue
L'étranger sous ton dais passant.

O bel arbre d'Abyssinie !
Quand la nuit, sans lune, descend,
Combien ta rencontre est bénie
Du voyageur au pas pesant !
Du bout caressant de tes branches
Tu viens baiser ses yeux mi-clos,
Sur lui tendrement tu te penches
Et tu lui dis : « Dors en repos ! »

O bel arbre d'Abyssinie !
Ainsi, vers moi, penche ton front qui plie.

XI

Par une de ces nuits où l'étoile d'amour,
Isis, de son croissant dessinant le contour,
Dans le fleuve sacré mire son front de vierge,
Où les couples, guettant sa lueur de la berge,
Calculent en quel temps son cours recommencé
Doit la remettre aux bras du Soleil-fiancé

## XII

. . . . . . . . . . . , Le fleuve qui naguère
Glissait entre ses bords, garni des deux côtés
Par des palais de marbre et de riches cités,
Pareils à des joyaux sertis dans une chaîne,
Inondant à présent la vallée et la plaine,
Comme un géant qui sort de son lit brusquement,
S'étale et couvre tout de son flot écumant.

1865

# A MARGUERITE

A MADAME MARGUERITE DARDENNE DE LA GRANGERIE

SONNET 1

Les poëtes chinois, épris des anciens rites,
Ainsi que Li-Tai-Pé, quand il faisait des vers,
Mettent sur leur pupitre un pot de marguerites
Dans leurs disques montrant l'or de leurs cœurs ouverts.

La vue et le parfum de ces fleurs favorites,
Mieux que les pêchers blancs et que les saules verts,
Inspirent aux lettrés, dans les formes prescrites,
Sur un même sujet des chants toujours divers.

Une autre Marguerite, une fleur féminine,
Que dans le céladon voudrait planter la Chine,
Sourit à notre table aux regards éblouis,

Et pour la Marguerite, un mandarin morose,
Vieux rimeur abruti par l'abus de la prose,
Trouve encore un bouquet de vers épanouis.

19 juillet 1865.

## A MARGUERITE

### A MADAME MARGUERITE DARDENNE DE LA GRANGERIE

#### SONNET II

Il est, dans la légende, une vierge martyre,
Qui mène en laisse une hydre aux tortueux replis.
Près d'une roue à dents, tenant en main un lis,
L'Ange d'Urbin l'a peinte et le monde l'admire.

Aux prés, pousse une fleur, qu'en son naïf délire,
L'inquiète amoureuse avec ses doigts pâlis,
Questionne, comptant les pétales cueillis,
Et suspendant son âme au dernier qu'elle tire.

Mystérieusement dans son nid de satin,
Brille un joyau sans prix qui porte un nom latin
Et dont le troupeau vil dédaigne le mérite.

Ne cherchez pas le mot de l'énigme à côté :
Martyre, fleur, joyau, vertu, parfum, beauté,
Tout cela simplement veut dire : MARGUERITE !

19 juillet 1866.

# L'IMPASSIBLE

### SONNET

La Satiété dort au fond de vos grands yeux ;
En eux plus de désirs, plus d'amour, plus d'envie ;
Ils ont bu la lumière, ils ont tari la vie,
Comme une mer profonde où s'absorbent les cieux.

Sous leur bleu sombre on lit le vaste ennui des Dieux,
Pour qui toute chimère est d'avance assouvie,
Et qui, sachant l'effet dont la cause est suivie,
Mélangent au présent l'avenir déjà vieux.

L'infini s'est fondu dans vos larges prunelles,
Et devant ce miroir qui ne réfléchit rien,
L'Amour découragé s'asseoit, fermant ses ailes

Vous, cependant, avec un calme olympien,
Comme la Mnémosyne, à son socle accoudée,
Vous poursuivez, rêveuse, une impossible idée

Chamarande, juillet 1866

## A L. SEXTIUS

ODE IV : TRADUITE D'HORACE

L'âpre hiver se dissipe aux souffles printaniers,
    La barque oisive aux flots se livre ;
L'étable et l'âtre enfin lâchent leurs prisonniers
    Et le pré n'est plus blanc de givre.
Sous la lune déjà Vénus conduit le chœur ;
    Aux Nymphes les Grâces décentes,
Se mêlent dans la ronde, et Vulcain, plein d'ardeur,
    Souffle les forges rougissantes.
C'est le temps d'entourer son front de myrtes verts
    Ou de fleurs qu'avril renouvelle,
Et d'immoler à Faune, aux bois d'ombre couverts,
    Le bouc ou, s'il lui plait, l'agnelle.
La pâle mort, d'un pied égal, heurte taudis
    Et palais. — O Sextius, songe
Combien les longs espoirs sont à l'homme interdits
    La nuit et les Mânes — mensonge,
Et la cour de Pluton te réclament. Là-bas
    Les dés ne font plus de monarque,
Et l'on n'admire plus le tendre Lycidas,
    Que la vierge déjà remarque.

1866.

## A L'IMPÉRATRICE

Suave et pur jasmin d'Espagne
Où se posa l'abeille d'or,
Une grâce vous accompagne
Et vous possédez un trésor;

Vous, le sourire de la force,
Le charme de la majesté,
Vous avez la puissante amorce
Qui prend les âmes — la bonté!

Et, derrière l'Impératrice
A la couronne de rayons,
Apparaît la consolatrice
De toutes les afflictions.

Sans que votre cœur ne l'entende
Il ne saurait tomber un pleur;
Quelle est la main qui ne se tende
Vers vous, du fond de son malheur?

Pensive, auguste et maternelle,
Tenant compte des maux soufferts,
Vous rafraîchissez de votre aile
Les feux mérités des enfers.

Ce n'est pas seulement vers l'ombre
Que va le regard de vos yeux,
Dans la cellule étroite et sombre
Faisant briller l'azur des cieux ;

Ce regard que chacun implore,
Qui luit sur tous comme un flambeau,
S'arrête, plus touchant encore,
Quand il a rencontré le Beau.

L'enthousiasme y met sa flamme
Sans en altérer la douceur ;
Si le génie est une femme,
Vous lui dites : « Venez, ma sœur,

« Je mettrai sur vous cette gloire
Qui fait les hommes radieux,
Ce ruban teint par la victoire,
Pourpre humaine digne des dieux ! »

Et votre main d'où tout ruisselle.
Sur le sein de Rosa Bonheur
Allumant la rouge étincelle,
Fait jaillir l'astre de l'Honneur !

## II

Oh ! quelle joie au séjour morne
Des pauvres Enfants détenus;

Limbes grises, tombeau que borne
Un horizon de grands murs nus.

Lorsque la porte qui s'entr'ouvre,
Laissant passer le jour vermeil,
A leurs yeux ravis vous découvre
Comme un ange dans le soleil !

Pour le penseur chose effrayante !
L'homme jetant à la prison
La faute encore inconsciente
Et le crime avant la raison !

Là sont des Cartouches en herbe
Dont les dents de lait ont mordu,
Comme un gâteau, le fruit acerbe
Qui pend à l'arbre défendu ;

Des scélérats sevrés à peine ;
De petits bandits de douze ans,
D'un mauvais sol mauvaise graine,
Tous coupables mais innocents !

Hélas ! pour beaucoup la famille
Fut le repaire et non le nid,
La caverne où gronde et fourmille
Le monde fauve qu'on bannit.

Vous arrivez là, douce femme,
Lorsque sommeille encor Paris,
Faisant l'aumône de votre âme
A ces pauvres enfants surpris.

Vous accueillez leur plainte amère
Leur long désir de liberté,

Et chacun d'eux vous croit sa mère
A se voir si bien écouté.

Vous leur parlez de Dieu, de l'homme,
Du saint travail et du devoir,
Des grands exemples qu'on renomme,
Du repentir qui suit l'espoir ;

Et la prison tout éblouie
Par la céleste vision,
De la lumière évanouie
Conserve longtemps un rayon !

### III

Il est d'autres cités dolentes
Que d'autres Dante décriront ;
Les heures s'y traînent bien lentes,
La faute a la rougeur au front.

Là gémissent les vierges folles
Qui vont sans lampe dans la nuit ;
Les paresseuses aux mains molles
Que l'éclat d'un bijou séduit,

La coupable, presque novice,
Trébuchée au chemin glissant,
Et toutes celles que le vice
Sur son char emporte en passant.

Sans craindre pour vos pieds la fange,
Vous traversez ces lieux maudits,
Comme en enfer, un bel Archange
Qui descendrait du Paradis.

Vous visitez dortoirs, chapelle,
Et la cellule et l'atelier,
Allant où chacun vous appelle
Et ne voulant rien oublier.

Si, dans la triste infirmerie,
Au chevet, où râle la mort,
Vous trouvez une sœur qui prie,
L'innocence près du remord,

Vous ployez les genoux, et l'âme,
Dont l'aile bat pour le départ,
Croit voir resplendir Notre-Dame
A travers son vague regard.

Lorsque se tait la litanie,
Vous vous penchez pour mieux saisir
Sur les lèvres de l'agonie
Le suprême et secret désir.

La jeune mourante, éperdue,
Qui ne parlait plus qu'avec Dieu,
D'une voix à peine entendue
Confie à votre cœur son vœu.

Cet humble vœu, dernier caprice,
Est recueilli pieusement,
Et de l'enfant l'Impératrice
Exécute le testament.

15 août 1866.

# A CLAUDIUS POPELIN

### SONNET

Le Temps efface l'Art avec un doigt trop prompt,
Et l'Éternité manque à la forme divine.
Le Vinci sous son crêpe à peine se devine,
Et de Monna Lisa l'ombre envahit le front.

Ce que nos yeux ont vu, bien peu d'yeux le verront.
On cherche au Vatican Raphaël en ruine,
Michel-Ange s'éteint aux murs de la Sixtine,
Comme Apelle et Zeuxis ils s'évanouiront.

Mais toi, mon Claudius, tu fixes ta pensée;
Tel que l'ambre une fleur, l'immarcescible émail
Contre les ans vaincus abrite ton travail.

Des reflets de l'iris ton œuvre est nuancée,
L'ardente transparence y luit sur le paillon,
Et chez toi l'Idéal a toujours son rayon.

1866.

## A INGRES

SONNET

(En réponse à l'envoi d'un fragment de l'*Apothéose d'Homère*)

Du plafond où, les pieds sur le blanc escabeau,
Trône Homère, au milieu de l'immortelle foule
Dont le chœur dans l'azur s'étage et se déroule,
Pour m'en faire présent tu coupas un lambeau.

Merci, maître invaincu, prêtre fervent du beau,
Qui de la forme pure as conservé le moule,
Et seul, resté debout dans ce siècle qui croule,
De l'antique idéal tiens toujours le flambeau !

Tes nobles fils, Eschyle, Euripide et Sophocle,
Descendus de ton ciel pour rayonner chez moi,
Déposent leurs lauriers et leurs vers sur un socle ;

Et mon humble logis, devenu, grâce à toi,
Riche comme un palais et sacré comme un temple,
Pour ces hôtes divins est à peine assez ample !

1866.

## LE ROSE

### SONNET

Je connais tous les tons de la gamme du rose,
Laque, pourpre, carmin, cinabre et vermillon.
Je sais ton incarnat, aile du papillon,
Et les teintes que prend la pudeur de la rose.

A Grenade, des bords que le Xénil arrose
J'ai, sur le Mulhacen lamé de blanc paillon,
Vu la neige rosir sous le dernier rayon
Que l'astre, en se couchant, comme un baiser y pose.

J'ai vu l'aurore mettre un doux reflet pourpré
Aux Vénus soulevant le voile qui leur pèse,
Et surpris dans les bois la rougeur de la fraise.

Mais le rose qui monte à votre front nacré
Au moindre madrigal qu'on vous force d'entendre
De la fraîche palette est le ton le plus tendre.

1867.

# L'HIRONDELLE

### SONNET

Je suis une hirondelle et non une colombe,
Ma nature me force à voltiger toujours.
Le nid où des ramiers s'abritent les amours,
S'il y fallait couver, serait bientôt ma tombe.

Pour quelques mois, j'habite un créneau qui surplombe,
Et vole, quand l'automne a raccourci les jours,
Pour les blancs minarets quittant les noires tours,
Vers l'immuable azur d'où jamais pleur ne tombe.

Aucun ciel ne m'arrête, aucun lieu ne me tient,
Et dans tous les pays je demeure étrangère;
Mais partout de l'absent mon âme se souvient.

Mon amour est constant, si mon aile est légère,
Et sans craindre l'oubli, la folle passagère
D'un bout du monde à l'autre au même cœur revient.

1867.

## L'ODALISQUE A PARIS

A MADAME RIMSKI KORSAKOW

Est-ce un rêve? Le harem s'ouvre,
Bagdad se transporte à Paris,
Un monde nouveau se découvre
Et brille à mes regards surpris.

Pardonnez mon luxe barbare,
Bariolé d'argent et d'or;
J'ignorais tout, un maître avare
M'enfouissait comme un trésor.

A l'Orient mon élégance
Laissant son antique oripeau,
Saura bientôt faire une ganse
Et mettre un semblant de chapeau.

A tout retour je suis rebelle,
Qu'Oshman cherche une autre houri;
Il est ennuyeux d'être belle,
Incognito, pour son mari!

1867.

## A CHARLES GARNIER

(Réponse à une invitation à dîner)

ÉPITRE MONORIME

Garnier, grand maître du fronton,
De l'astragale et du feston,
Demain, lâchant là mon planton,
Du fond de mon lointain canton,
J'arriverai, tardif piéton,
Aidant mes pas de mon bâton,
Et précédé d'un mirliton,
Duilius du feuilleton,
Prendre part à ton gueuleton,
Qu'arrosera le piqueton.
Sans gants, sans faux col en carton,
Sans poitrail à la Benoîton,
Et sans diamants au bouton,
Ce qui serait de mauvais ton,
Je viendrai, porteur d'un veston
Jadis couleur de hanneton,
Sous mon plus ancien hoqueton.
Que ce soit poule ou caneton,
Perdreaux truffés ou miroton,

Barbue ou hachis de mouton,
Pâté de veau froid ou de thon,
Nids d'hirondelles de Canton,
Ou gousse d'ail sur un croûton,
Pain bis, galette ou *panaton* [1],
Fromage à la pie ou stilton,
Cidre ou pale-ale de Burton,
Vin de Brie ou branne-mouton,
Pedro-jimenès ou corton,
Chez Lucullus ou chez Caton,
Avalant tout comme un glouton,
Je m'en mettrai jusqu'au menton,
Sans laisser un seul rogaton
Pour la desserte au marmiton.
Pendant ce banquet de Platon,
Mêlant Athène à Charenton,
On parlera de Wellington
Et du soldat de Marathon,
D'Aspasie et de Mousqueton,
Du dernier rôle de Berton,
Du Prêtre-Jean et du Santon,
De jupe à traîne et de *chiton* [2],
De Monaco près de Menton,
De Naple et du ministre Acton,
De la Sirène et du Triton,
D'Overbeeck et de Bonnington ;
Chacun lancera son dicton,
Tombant du char de Phaéton
Aux locomotives Crampton,
De l'*Iliade* à l'*Oncle Tom*,
De Paul de Kock à Mélanchthon,
Et de Babylone à Boston.

[1] Sorte de gâteau milanais.
[2] Tunique grecque.

Dans le bruit, comment saura-t-on
Si l'on parle basque ou teuton,
Haut allemand ou bas breton?
Puis, vidant un dernier *rhyton*[1],
Le ténor ou le baryton,
Plus faux qu'un cornet à piston,
Qu'une crécelle ou qu'un jeton,
S'accompagnant du *barbiton*,
Sur l'air de *Ton taine ton ton*,
Chantera Philis et Gothon,
Jusqu'à l'heure où le vieux Tithon
Ote son bonnet de coton.
Mais c'est trop pousser ce centon
A la manière d'Hamilton,
Où, voulant ne rimer qu'en *ton*,
J'ai pris pour muse Jeanneton;
Dans mon fauteuil à capiton,
En casaque de molleton,
Je m'endors et je signe : *Ton*

ami THÉOPHILE GAUTIER.

26 octobre 1867.

[1] Vase antique en forme de corne.

## LA FUMÉE

#### SONNET

Souvent nous fuyons en petit coupé,
Car chez moi toujours la sonnette grince.
Et les visiteurs qu'en vain l'on évince
Chassent le plaisir de mon canapé.

Couple par l'amour et l'hiver groupé,
Nous nous serrons bien, car la bise pince ;
Sur mon bras se cambre un corps souple et mince,
D'un châle à longs plis bien enveloppé.

Dans une voiture au pas et fermée,
Pour nous embrasser, il serait bourgeois,
De baisser le store au milieu du Bois ;

J'allume un cigare et ma bien-aimée
Un papelito roulé par ses doigts,
Et l'Amour, pour voile, a cette fumée.

1868.

## PROMENADE HORS DES MURS

SONNET

(D'après une eau-forte de Leys)

Une ville gothique, avec tout son détail,
Pignons, clochers et tours, forme la perspective;
Par les portes s'élance une foule hâtive,
Car déjà le printemps des prés verdit l'émail.

Le bourgeois s'endimanche et quitte son travail;
L'amoureux par le doigt tient l'amante craintive,
D'une grâce un peu raide, ainsi que sous l'ogive
Une sainte en prison dans le plomb d'un vitrail.

Quittant par ce beau jour, bouquins, matras, cornues,
Le docteur Faust, avec son *famulus* Wagner,
S'est assis sur un banc et jouit du bon air.

Il vous semble revoir des figures connues :
Wolgemuth et Cranach les gravèrent sur bois,
Et Leys les fait revivre une seconde fois.

25 octobre 1858.

# UN DOUZAIN DE SONNETS

### SONNET — DÉDICACE

Aux temps païens, toujours devant les temples fume
L'hécatombe, des dieux apaisant le courroux.
Vénus veut cent ramiers, Jupiter, cent bœufs roux ;
Pour ma déesse, moi, je n'ai rien qu'une plume !

Et j'ose dans l'azur, dont l'encens fait la brume
Chez les Olympiens, m'élever jusqu'à vous,
Et sur le blanc autel de vos divins genoux
Déposer en tremblant l'ex-voto d'un volume.

Votre nom tutélaire, au frontispice luit,
Chaque sonnet l'enchaîne au sonnet qui le suit ;
Tel un bracelet d'or dont l'agrafe est fermée.

Par vos perfections mes défauts sont couverts,
Et sur votre portrait, s'enchâssant en camée,
Rayonne la beauté qui manque dans mes vers !

24 avril 1869.

SONNET :

# MILLE CHEMINS, UN SEUL BUT

Hôte pour quelques jours de votre beau domaine,
Voyant le gai soleil qui dore le matin
Et perce d'un rayon les feuilles de satin,
Je descends dans le parc et tout seul m'y promène.

On pense aller bien loin, mais tout sentier ramène,
Quand il vous a montré le village lointain,
A travers prés et bois, par un contour certain,
Au portique où César a mis l'aigle romaine,

A la blanche villa, votre temple d'été,
Où, lasse du fardeau de la divinité,
Vous daignez n'être plus que la bonne princesse ;

Ainsi fait mon esprit, trompé dans ses détours ;
Il croit poursuivre un rêve interrompu sans cesse,
Et devant votre image il se trouve toujours !

Saint-Gratien.

SONNET II

## NE TOUCHEZ PAS AUX MARBRES

Il se peut qu'au Musée on aime une statue,
Un secret idéal par Phidias sculpté ;
Entre elle et vous, il naît comme une intimité ;
Vous venez, la déesse à vous voir s'habitue.

Elle est là, devant vous, de sa blancheur vêtue,
Et parfois on oublie, admirant sa beauté,
La neigeuse froideur de la divinité
Qui de son regard blanc, trouble, fascine et tue.

Elle a semblé sourire, et, plus audacieux,
On se dit : « L'Immortelle est peut-être une femme ! »
Et vers la main de marbre on tend sa main de flamme.

Le marbre a tressailli, la foudre gronde aux cieux !.....
Vénus est indulgente, elle comprend, en somme,
Que le désir d'un Dieu s'allume au cœur d'un homme !

4 avril 1867.

SONNET III

## BAISER ROSE, BAISER BLEU

A table, l'autre jour, un réseau de guipure,
Comme un filet d'argent, sur un marbre jeté,
De votre sein, voilant à demi la beauté,
Montrait, sous sa blancheur, une blancheur plus pure

Vous trôniez parmi nous, radieuse figure,
Et le baiser du soir, d'un faible azur teinté,
Comme au contour d'un fruit, la fleur du velouté,
Glissait sur votre épaule, en mince découpure.

Mais la lampe allumée et se mêlant au jeu,
Posait un baiser rose, auprès du baiser bleu;
Tel brille au clair de lune, un feu dans de l'albâtre.

A ce charmant tableau, je me disais, rêveur,
Jaloux du reflet rose et du reflet bleuâtre :
« O trop heureux reflets, s'ils savaient leur bonheur ! »

Saint-Gratien, 25 juillet 1867.

SONNET IV

## LA VRAIE ESTHÉTIQUE

Nous causions sur le beau, lui savant, moi poëte;
Au galbe de l'amphore, il préférait le vin,
Il appelait le style, un grelot creux et vain,
Et la rime, un écho dont le sens s'inquiète.

Je répondais : « La forme, aux yeux donne une fête !
Qu'il soit plein de Falerne ou d'eau prise au ravin,
Qu'importe ! si le verre a le profil divin !
Le parfum envolé, reste la cassolette. »

Vous écoutiez, rêveuse, et mon œil voyageant
Pendant que je cherchais un argument quelconque,
Suivait, sur les coussins, vos beaux pieds s'allongeant.

Tels les pieds de Vénus au rebord de sa conque,
Une écume de plis caressait leur contour,
Et semblait murmurer : Le vrai beau, c'est l'amour !

SONNET V

## BONBONS ET POMMES VERTES

Comme un enfant gâté, gorgé de sucreries,
Se rebute, et convoite avec des yeux ardents
La pomme acide et verte où s'agacent les dents,
L'âpre fruit de la haie et les nèfles aigries,

Vous avez en horreur le miel des flatteries,
Les fades madrigaux dans la bouche fondants,
Bonbons, plâtre au dehors et sirop au dedans,
Et ne prenez plus goût qu'au fiel des railleries.

Vous préférez aux fleurs les piquants des chardons,
Demandant qu'on « vous blâme et non pas qu'on vous loue
Vous que le ciel se plut à combler de ses dons.

Par où vous attaquer ? je ne sais, je l'avoue ;
Et laissant retomber mes flèches au carquois,
Je vous désobéis pour la première fois !

12 février 1868.

SONNET VI

## LE PIED D'ATALANTE

Ce petit pied, plus vif que le pied d'Atalante,
Qu'à Trianon vantaient vos amis assemblés,
Sans la courber, marchant sur la tête des blés,
Et qui fait de l'oiseau trouver l'aile trop lente,

Ce pied que l'amour suit sous la robe volante,
Et qui ne laisse pas dans les chemins sablés
La trace qu'à jamais gardent les cœurs troublés,
Vous m'en avez promis, l'empreinte ressemblante.

Comme serre-papiers sur mes vers se posant,
De l'étroit brodequin la semelle d'ivoire,
Empêchera le vent d'emporter mon grimoire.

Et mes vers germeront sous ce poids caressant,
Comme on voit, dans un pré que foule une déesse,
Naître et s'ouvrir les fleurs sous le pied qui les presse!

Trianon 1847.

SONNET VII

# L'ÉTRENNE DU POÈTE

Pour vous, au jour de l'an; je rêvais quelque étrenne,
Moi, le rêveur obscur, admis à votre cour,
Un respect prosterné mêlé d'un humble amour,
C'est un mince joyau dans l'écrin d'une reine.

Que peut le ver rampant pour l'étoile sereine,
Le caillou pour la perle et l'ombre pour le jour?
L'étoile ignore l'homme, et, de son bleu séjour,
Le soleil ne voit pas la terre qu'il entraîne!

Mais vous, dont la douceur attendrit la beauté,
Parfois de cet Olympe où trône la déesse
Vous abaissez sur nous un regard de bonté.

Et vous respirerez, indulgente princesse,
Le pauvre grain de nard, mon unique trésor,
Que font brûler mes vers, comme un encensoir d'or.

1ᵉʳ janvier 1868.

SONNET VIII

## LES DÉESSES POSENT

Parfois, une déesse pose,
(Hébert du moins s'en est vanté)
Entr'ouvrant son voile argenté
Dans un reflet d'apothéose.

Votre portrait prouve la chose
Par son air de divinité;
César y mit la majesté,
Et Vénus le sourire rose.

Des perles à l'éclat tremblant
Ruissellent sur votre col blanc,
Comme des gouttes de lumière.

Mais si le collier vous manquait,
Vous seriez dans une chaumière
Reine encore avec un bouquet!

18 mars 1868.

### SONNET IX

## D'APRÈS VANUTELLI

A la Piazetta, sous l'ombre des portiques,
Vanutelli nous montre en leur costume ancien,
Dames et jeunes gens à l'air patricien,
Causant entr'eux d'amour ou d'affaires publiques.

Hors du cadre, évoqués par des charmes magiques,
On croit voir des portraits de Giorgione ou Titien
Qui, sous le velours noir du loup vénitien,
Ébauchent, comme au bal, des intrigues obliques.

Les pigeons de Saint-Marc s'abattent à leurs pieds
Avec roucoulements et frémissements d'ailes ;
Près des galants trompeurs, sont les oiseaux fidèles !

Seigneurs, dames, pigeons, par vous sont copiés
D'une touche à la fois si libre et naturelle,
Qu'on dirait le tableau fait d'après l'aquarelle !

1869.

SONNET X

## L'ÉGRATIGNURE

Quand vous vintes Dimanche en déesse parée,
Avec tous vos rayons éblouir votre cour,
Chacun disait, voyant ce buste au pur contour :
« C'est Vénus de Milo d'une robe accoutrée! »

Mais votre épaule était d'un trait rouge effleurée,
Tel le ramier blanc saigne aux serres de l'autour,
Telle rosit la neige aux premiers feux du jour;
Le carmin s'y mêlait à la pâleur nacrée.

Quelle audace a rayé ce marbre de Paros?
Vous en donniez la faute à l'épaulette étroite,
Mais moi j'en accusais la flèche d'or d'Eros;

Il vous visait au cœur; la pointe maladroite,
(Car le dieu tremblait fort devant tant de beauté),
N'atteignit pas le but et glissa de côté!

21 avril 1869.

SONNET XI

## LA MÉLODIE ET L'ACCOMPAGNEMENT

La beauté, dans la femme, est une mélodie
Dont la toilette n'est que l'accompagnement.
Vous avez la beauté. — Sur ce motif charmant,
A chercher des accords votre goût s'étudie ;

Tantôt c'est un corsage à la coupe hardie
Qui s'applique au contour, comme un baiser d'amant,
Tantôt une dentelle au feston écumant,
Une fleur, un bijou, qu'un reflet incendie.

La gaze et le satin ont des soirs triomphants ;
D'autres fois une robe, avec deux plis de moire,
Aux épaules vous met deux ailes de victoire.

Mais de tous ces atours, ajustés ou bouffants,
Orchestre accompagnant votre grâce suprême,
Le cœur, comme d'un air, ne retient que le thème !

23 avril 1869.

SONNET XII

## LA ROBE PAILLETÉE

Quelle toilette hier! Une robe agrafée
D'un nœud de diamants, air tramé, vent tissu,
Où de ses doigts d'argent la lune avait cousu
Le paillon qui luisait sur la jupe étoffée!

D'étoiles en brillants négligemment coiffée,
Vous redonniez des feux à chaque éclair reçu.
Mab et Titania semblaient à votre insu,
Avoir semé sur vous tout leur écrin de fée.

Sur les fils de la Vierge, aérien réseau,
Telle, dans les prés blancs, brille la goutte d'eau,
Ou la rosée aux fleurs, quand l'aube les irise.

Reste d'un deuil de cour, un trait noir circulait
Sous ce scintillement, pareil à ce filet
Qui tourne dans le pied des verres de Venise!

Avril 1869.

## L'ESCLAVE NOIR

### STANCES

Sur une aquarelle de la princesse M***.

Un bel esclave à peau d'ébène,
Mohammed ou bien Abdallah,
Pour mon musée, heureuse aubaine,
Vient du pays de : *la Fellah*.

Comme elle, il habitait le Caire,
Tout en fumant son latakieh,
Il la voyait passer naguère
Sur la place de l'Esbékieh.

Elle si blanche sous son masque,
Lui si lumineusement noir;
L'une agaçant l'amour fantasque
Et l'autre en plein se laissant voir,

Faveur charmante, honneur insigne!
Mais voudra-t-il servir chez nous,
Ce glorieux nègre que signe
Une main qu'on baise à genoux?

14 janvier 1869.

## A CLAUDIUS POPELIN

### SONNET II

Écrit sur un exemplaire de *la Mode*.


Sous ce petit format commode,
Un grand problème est agité :
On y cherche si la beauté
Peut s'arranger avec la mode.

Notre art, à tort, répète l'ode
Que, dans sa blanche nudité,
Chanta la jeune antiquité ;
Il faut qu'aux temps l'on s'accommode.

Dans nos bals, aujourd'hui, Vénus
Gonflerait ses charmes connus
Du mensonge des crinolines ;

Elle aurait guipures, malines,
Une traîne à son cotillon,
Et pour ceste un tatafouillon !

Août 1869.

## SONNET

Vous étiez sous un arbre, assise en robe blanche,
Quelque ouvrage à la main, à respirer le frais.
Malgré l'ombre, pourtant, des rayons indiscrets
Pénétraient jusqu'à vous, filtrant de branche en branche.

Ils jouaient sur le sein, sur le col, sur la hanche ;
Vous reculiez le siége et puis, l'instant d'après,
Pleuvaient d'autres rayons sur vos divins attraits
Comme des gouttes d'eau d'une urne qui s'épanche.

Apollon, Dieu du jour, essayait de poser
Son baiser de lumière à vos lèvres de rose.:
— Un ancien, de la sorte, eût expliqué la chose. —

Trop vif était l'amour, trop brûlant le baiser,
Et, comme la Daphné des Fables de la Grèce,
La mortelle, du Dieu repoussait la caresse.

# LE SONNET

A maître Claudius Popelin, émailleur et poëte.

### SONNET III

Les quatrains du Sonnet sont de bons chevaliers
Crêtés de lambrequins, plastronés d'armoiries,
Marchant à pas égaux le long des galeries
Ou veillant, lance au poing, droits contre les piliers.

Mais une dame attend au bas des escaliers ;
Sous son capuchon brun, comme dans les féeries,
On voit confusément luire les pierreries.
Ils la vont recevoir, graves et réguliers.

Pages de satin blanc, à la housse bouffante,
Les tercets, plus légers, la prennent à leur tour
Et jusqu'aux pieds du Roi conduisent cette infante.

Là, relevant son voile, apparaît triomphante
La *Belle*, la *Diva*, digne qu'avec amour
Claudius, sur l'émail, en trace le contour.

14 juillet 1870.

## SONNET

J'aimais autrefois la forme païenne ;
Je m'étais créé, fou d'antiquité,
Un blanc idéal de marbre sculpté
D'hétaïre grecque ou milésienne.

Maintenant j'adore une Italienne,
Un type accompli de modernité,
Qui met des gilets, fume et prend du thé,
Et qu'on croit Anglaise ou Parisienne.

L'amour, de mon marbre a fait un pastel,
Les yeux blancs ont pris des tons de turquoise,
La lèvre a rougi comme une framboise,

Et mon rêve grec dans l'or d'un cartel,
Ressemble aux portraits de rose et de plâtre
Où la Rosalba met sa fleur bleuâtre.

1870.

## LE VINGT-SEPT MAI

#### POUR L'ANNIVERSAIRE DE NAISSANCE
#### DE LA PRINCESSE M...

Paris brûle, la flamme à l'horizon s'élève;
Cependant mai revient, mai rose et parfumé,
Ramenant avec lui l'anniversaire aimé,
Date chère où revit incessamment mon rêve.

Le sang coule!...., aux bourgeons monte la jeune séve,
Et l'azur luit au ciel par la poudre enfumé;
Les oiseaux ont repris leur chant accoutumé,
Comme si le canon ne tonnait pas sans trêve.

Et moi je pense à vous à travers ma douleur;
Saint-Gratien m'apparait aux bosquets de Versailles :
Du souvenir sacré rien ne distrait mon cœur. .

Mais mon humble jardin, dont croulent les murailles,
N'a rien à vous offrir, tout criblé de mitrailles,
Dans un éclat d'obus que cette pauvre fleur.

Versailles, 27 mai 1871

## SONNET

Un ange chez moi parfois vient le soir
Dans un domino d'Hilcampt ou Palmyre,
Robe en moire antique avec cachemire,
Voilette et chapeau faisant masque noir.

Ses ailes ainsi, nul ne peut les voir,
Ni ses yeux d'azur où le ciel se mire ;
Son joli menton que l'artiste admire,
Un bouquet le cache ou bien un mouchoir.

Mon petit lit rouge à colonnes torses
Ce soir-là se change en bleu paradis ;
Un rayon d'en haut dore mon taudis.

Et quand le plaisir a brisé nos forces,
Nonchalant entr'acte à la volupté,
Nous fumons tous deux en prenant le thé.

## APRÈS LA BATAILLE

### SONNET — BOUT-RIMÉ

Quel silence à présent sur ce morne — terrain
Où la mêlée hier hurlait dans la — fumée!
Il ne reste plus rien de cette grande — armée,
Que des affûts brisés et des fragments — d'airain.

La bataille perdue importe au — souverain,
Mais toujours l'amoureux chante à la bien — aimée
Cette chanson de Mai, dont toute âme est — charmée;
Toujours le soleil luit sur les vignes du — Rhin,

Toujours le rossignol pour la rose — soupire;
Que l'aigle bicéphale ou l'aigle de — l'empire
Sur le drapeau palpite au sommet du — donjon,

Sur les monts, dont les os changent la plaine en — butte,
La nature éternelle et que rien ne — rebute,
Étend un vert linceul fait de mousse et de — jonc!

# A MAXIME DU CAMP

### SONNET

Le charmant cadeau ! cachet et papier,
Cire de London, canif, plumes d'oie,
Plumes de Perry dont le bec flamboie !
Comment, cher ami, te remercier !

Mais en attendant je veux gribouiller
Ce petit sonnet qu'en hâte je ploie
Dans une enveloppe, et que je t'envoie
Par un Azolin devenu portier !

Comme un vrai dandy, grâce à ces richesses,
Sur vélin anglais, aux blanches duchesses
Désormais je puis glisser un poulet,

Et sceller les vers qu'écrit le poëte
Sur le champ d'azur du papier *cream laid*,
Avec la devise empruntée à Gœthe !

## ALLITÉRATIONS

### IMITÉES DE CELLES DU ROMANCERO

Monté sur son fidèle barbe
Vêtu d'un albornez d'āzūr,
Emblème d'amour et de foi,
Le vaillant Grenadin Gāzūl
Passait par la Vivarambla.
Il était si beau que chācūn
Se rétournait en le voyant.
A son balcòn, Fatmé lā brūne
Prenait le frais avec ses femmes.
Le More au milieu de lā rūe
Arrêtant son cheval lancé,
Sur ses étriers d'or s'āssūre,
Et, se haussant jusqu'au balcon,
Dit : — Toi qui luis comme lā lūne
Au milieu des étoiles d'or,
Fatmé, perle de la nātūre,
Fleur du Xenil et de l'Espagne,
Réponds à mes feux je t'āssūre,
Par jour, trois têtes de chrétien!

— Sur mes genoux, vaillant Gâzūl,
Pose la tienne chaque soir,
Et je te promets, sans pârjūre,
De t'adorer jusqu'au matin!

## A UNE JEUNE AMIE

Quand je fis connaissance avec votre famille,
A Marbœuf, au jardin de son cèdre si fier,
(Ce souvenir pour moi semble dater d'hier),
Madame, vous n'étiez qu'une petite fille.

Je revins ; vous grimpiez encor sur les genoux,
Mais déjà dans votre œil brillait un feu plus tendre ;
La curiosité qui cherchait à comprendre
Rendait vos jeux d'enfant moins bruyants et plus doux.

Le temps de renverser quelques urnes de prose
Dans ce tonneau percé qu'on nomme feuilleton,
Et l'enfant était femme, et déjà le bouton
Trahissait en s'ouvrant les pudeurs de la rose.

Poussé d'un vague ennui, j'allai vers d'autres cieux...
Et voici qu'au foyer nous nous trouvons encore,
Vous, bel arbuste en fleur qu'un frais bourgeon décore
Vous, toujours jeune fille, et moi déjà bien vieux.

## SONNET

Mon œil, sur le cadran toujours fixé, calcule
Quand l'heure au pas boiteux qui s'endort en chemin,
Posant son doigt d'acier sur le chiffre romain
Fera chanter le timbre au cœur de la pendule.

Le balancier palpite et l'aiguille circule,
Mais le jour ne vient pas! — Une invisible main
Arrête le marteau qui sonnera demain;
Sur sa route d'émail le Temps bronche et recule.

Il n'en est pas ainsi quand je suis près de vous,
Je m'assieds à vos pieds, j'embrasse vos genoux,
Je mire mes yeux noirs dans vos blondes prunelles.

Votre main sur mon front, vous me dites des mots
Que personne ne sait, pour endormir mes maux;
— L'heure devient minute et fuit à tire d'ailes!

## JETTATURA

### FRAGMENT DE POËME

C'est le soir, le couchant allumant ses fournaises
Semble un fondeur penché qui ravive des braises;
Comme un bouclier d'or à la forge rougi,
Par un brouillard sanglant le soleil élargi
Plonge dans un amas de nuages étranges
Qui font traîner sur l'eau la pourpre de leurs franges
Le rivage est désert; — pour tout bruit l'on entend
La respiration du gouffre haletant.

Le vent souffle; la mer, contre l'écueil qui fume,
Pousse le blanc troupeau de ses coursiers d'écume.
Ils montent à l'assaut, pêle-mêle nageant,
Se dressant, secouant leur crinière d'argent,
Éparpillant en l'air leur queue échevelée,
Se mordant au poitrail, comme dans la mêlée,
Enivrés du combat, se mordent des chevaux
Au timon d'un quadrige attelés et rivaux,
Mais le roc fait crouler leur folle armée en pluie
Et semble au bord du gouffre un nageur qui s'essuie.
Tel un grand nom, battu des sots et des jaloux,
Voit à ses pieds se fondre et se perdre leurs coups.

En montant au sommet de la haute falaise
D'où sur la pleine mer le regard plane à l'aise,
N'apercevez-vous pas, là-bas, à l'horizon
Où du jour qui s'éteint luit le dernier tison,
Un point presque-effacé?

Sans doute une mouette
Faisant au bout d'un flot sa folle pirouette;
De l'ouragan futur, un albatros, joyeux,
Une aile dans la mer et l'autre dans les cieux;
Ou bien une dorade, un requin en voyage
Trahissant à fleur d'eau son dos gris qui surnage...

Non pas. — C'est un steamer et déjà l'on peut voir,
Comme au cimier d'un casque un long panache noir,
S'écheveler au vent l'aigrette de fumée
Que pousse la vapeur de sa gueule enflammée.
Le voilà qui s'approche et se range aux ilots,
Et sa roue a cessé de souffleter les flots.

Du navire immobile un canot se détache.
L'eau, qui s'enfle et s'abaisse, et le montre et le cache.
Par instants, dans l'abîme on le croit englouti;
Mais de l'âcre vallon péniblement sorti,
Bientôt il reparait à la crête des lames,
Ouvrant et refermant l'éventail de ses rames.

Auprès du gouvernail, morne, silencieux,
Dans sa cape embossé, le chapeau sur les yeux,
Un jeune homme est assis. Comme un peuple en tumulte
Autour d'un Dieu, les flots lui crachent leur insulte;
Le vent de son manteau fait palpiter les plis;
L'esquif tremble et se plaint sous les coups du roulis;

Il rêve, et, tout entier à ses noires chimères,
Penche son front qui luit sous les perles amères.

L'on approche du bord, déjà les avirons
Battent l'eau qui les fuit sur des rhythmes moins prompts;
De sa quille d'airain rayant le sable humide,
L'esquif s'est arrêté. D'un bond leste et rapide
L'étranger saute à terre, et, faisant quelques pas,
Gagne une place sèche où la mer n'atteint pas,
Puis, d'un geste royal, jette aux marins sa bourse.
Remis à flot, l'esquif, comme un cheval de course
Secouant l'écuyer à son mors suspendu,
Part. — L'étranger, debout sur son rocher ardu,
Avant d'aller plus loin se retourne et regarde.

Quoiqu'il soit nuit, la mer d'une lueur blafarde
Rayonne et l'on peut voir les rameurs sur leur banc
Pour tirer l'aviron en arrière tombant.
Contre les flots grossis l'embarcation lutte,
Mais bientôt contournant son énorme volute,
La houle, dans un pli de son blanc chapiteau,
A saisi les marins et tordu le bateau.
Sur le gouffre nageant, rares, ils apparaissent,
Mais les flots en fureur de toutes parts les pressent.
Cette nuit, ils ont beau tendre et roidir leurs bras,
Leurs lits seront faits d'algue, et d'écume leurs draps.
Sous un glauque suaire, au bruit sourd des tempêtes
Un oreiller de sable endormira leurs têtes.
Le dernier, pour finir un supplice trop long,
Plonge comme une sonde à la suite du plomb.

Le jeune homme a tout vu, mais que le regard change!
Le démon se tordant sous le pied de l'archange,
L'aspic coupé qui cherche à ressouder ses nœuds

N'ont pas dans la prunelle un éclair plus haineux ;
Et cependant, avec d'irrécusables teintes,
Sur ses beaux traits, l'horreur et la pitié sont peintes ;
Sa poitrine oppressée éclate en sourds sanglots.
Il descend au rivage, et, le pied dans les flots,
Faisant fuir de ses cris les mouettes effarées,
Agite éperdument ses mains désespérées !...

## AU BOIS DE BOULOGNE

Le front fumant encor d'une ardente besogne,
L'autre jour, à cheval, dans le bois de Boulogne
Je courais. — Les sentiers au feuillage nouveau,
L'encens des bourgeons verts, me montaient au cerveau,
Et laissant de côté livres neufs et vieux tomes,
Je me baignais dans l'air aux lumineux atômes,
Heureux, insouciant, comme tout cavalier
Que berce du galop le rhythme régulier !
Car en dépit des vers de Boileau, pris d'Horace,
Le chagrin ne peut suivre une bête de race,
Et, vous regardant fuir, s'asseoit, traînant le pied,
Au talus du chemin, comme un estropié !

Par le sentier étroit qui borde chaque route
Cheminait une vieille, au dos formant la voûte,
Au front gris, à l'œil creux par la maigreur vidé,
Au visage de bistre affreusement ridé,
Parchemin que la vie a timbré de ses marques.
Ainsi faite, on eût dit l'une de ces trois Parques,
Groupe morne et fatal, peint par Buonarotti,
Et qu'à Florence on voit dans le palais Pitti !
Parfois elle allongeait sur une violette
Hors de sa mante noire une main de squelette,

Comme une vierge, en Mai, pour parfumer son cœur,
De son ongle d'agathe au bois coupe une fleur.
Ce souvenir fleuri des premières années,
Mettait quelque fraîcheur sur ses tempes veinées,
Et sa lèvre riait à ses anciens printemps,
A ses beaux amoureux, défunts depuis trente ans.

## LE RUISSEAU

Du creux de la roche moussue
La petite source jaillit.
Du Grand-Salève elle est issue
Et deux brins d'herbe font son lit.

Dans l'ombre on l'entend qui bégaie
Comme un enfant sur les genoux,
Bientôt plus forte elle s'égaie
Et s'amuse avec ses cailloux.

Elle brode de cascatelles
Les blocs à remuer trop lourds,
Comme l'on coudrait des dentelles
Sur une robe de velours.

Les filles de la flore alpestre
Prenant le frais près de ses eaux
Écoutent son joyeux orchestre
Soutenant le chant des oiseaux.

De tous les coins de la montagne
Elles s'y donnent rendez-vous,
Chacune amène sa compagne
Et les baisers y sont plus doux.


On n'a que quatre pas à faire
Pour trouver au bord du Ruisseau
Le cyclamen que Sand préfère
Et la pervenche de Rousseau.

# CHEZ LES ÉTOILES

FRAGMENT

## SCÈNE I

LA REINE DES ÉTOILES. — LES ÉTOILES

LA REINE.

Le matin s'est levé qui borne mon empire ;
Mes sœurs, c'est aujourd'hui que mon pouvoir expire,
Ma couronne s'éteint et mon front s'est voilé....
Élisez une reine au royaume étoilé !

LES ÉTOILES.

O toi qui vas quitter le trône de lumière
Où ton pied pose encor sur la marche première,
Avant de redescendre avec tes seuls rayons
Aux cieux inférieurs où nous nous asseyons,
Dis-nous, dis-nous le sort d'une amie éclipsée
Que nous avons pleurée en larmes de rosée,
Et dont nulle de nous lorsque la terre dort
N'a vu, depuis seize ans, s'entr'ouvrir les yeux d'or.

LA REINE.

Vous allez la revoir cette sœur regrettée ;
Du fond de l'infini par la route lactée
Elle arrive, et son front que l'exil a fait pur
Va d'un éclat plus vif scintiller dans l'azur ;
Son repentir me touche et ma rigueur se lasse ;
(A Vénus qui paraît.)
Pauvre étoile punie, enfin reprends ta place !
Le pardon doit toujours suivre le châtiment.
Mêle à tes noirs cheveux les fleurs du diamant,
Comme autrefois là-haut je te permets de luire,
Vénus, et je te donne une sphère à conduire.
(Aux Étoiles.)
Maintenant regagnez vos constellations ;
Vous toutes, et pensez à nos élections.
(La Reine disparaît avec la plupart des étoiles.)

## SCÈNE II

VÉNUS. — DEUX ÉTOILES

PREMIÈRE ÉTOILE, à sa compagne.

Vous ne venez donc pas voter avec les autres,
Pourquoi cela ?

DEUXIÈME ÉTOILE.

  Ma sœur, mes raisons sont les vôtres.
Qui vous retient ici ?

PREMIÈRE ÉTOILE.

    Disons la vérité,
Ève elle-même avait la curiosité :

(A Vénus.)

Je voudrais bien savoir quelle faute si grave,
De déesse, vous fit tomber au rang d'esclave,
Et, cachée à nos yeux, hors de nos tourbillons,
Seize ans dans un nuage étouffer vos rayons?
Oh! nous avons souvent, pauvre sœur condamnée,
Pendant ce long exil plaint votre destinée.

### VÉNUS.

Ma peine bien que rude était juste pourtant;
Mon crime!... Mais pourquoi dans ce cœur palpitant

. . . . . . . . . . . . . . . . . . . .

. . . . . . . . . . . . . . . . . . . .

Ma fleur d'or disparut des parterres d'azur,
Et ma faute inconnue eut un supplice obscur.
La Reine avait le droit de punir ma faiblesse;
Mais dans ce cœur souffrant, que le souvenir blesse,
Est-il bien généreux, ma sœur, de regarder
Pour y lire un secret triste et doux à garder?

### PREMIÈRE ÉTOILE.

Le peuple sidéral doit dans son assemblée
Désigner une reine à la cour étoilée;
Vos malheurs ont sur vous fixé l'attention;
L'enthousiasme naît de la compassion.
La grande et petite Ourse, Andromède, Céphée,
Vous soutiennent; de vous Bérénice est coiffée,
Et la Mouche bourdonne en vous cherchant des voix
Sur lesquelles j'aurais peut-être quelques droits.
Pour trôner au palais dont le ciel fait les voûtes,
Il vous en faut cinq cents et vous les aurez toutes.

### VÉNUS.

Au rêve caressé du pouvoir souverain
On ne renonce pas, je le sais, sans chagrin.

PREMIÈRE ÉTOILE.

Vous l'avez deviné, je suis ambitieuse.

VÉNUS.

Pourtant vous vous disiez seulement curieuse ;
Calmez-vous, votre nom du mien sera vainqueur ;
D'autres soucis plus chers occupent seuls mon cœur.
Vous voudriez monter, moi, je voudrais descendre !

PREMIÈRE ÉTOILE.

De cette façon-là nous pourrons nous entendre ;
Quoi ! vous refuseriez le nimbe à pointes d'or,
Les clefs de diamant de l'éternel trésor ?

VÉNUS.

Je ne les recevrais que pour vous les remettre ;
Je vous laisse le ciel, mais il faut me promettre......

PREMIÈRE ÉTOILE.

Vos désirs, quels qu'ils soient, par moi seront remplis
Si le manteau royal me drape de ses plis,
Je le jure !

VÉNUS.

Écoutez : la Reine des étoiles
Reçoit de Dieu le don de percer tous les voiles ;
Elle sait le présent, elle voit l'avenir,
Et, de l'éternité forcé de revenir,
Le passé somnolent à sa voix ressuscite.
Je vous cède mes droits ; après la réussite,
Reine, faites-moi voir la terre en tout son jour.

PREMIÈRE ÉTOILE.

Quoi ? la terre ? Ce triste et maussade séjour,
Ce globule manqué, que pauvrement escorte
Une lune blafarde et depuis longtemps morte !

VÉNUS.

Oui, ce grain de poussière égaré dans les cieux,
Plus que mille soleils resplendit à mes yeux,
Car l'amour l'illumine et nul astre ne brille
Autant que la planète où rayonne ma fille !

PREMIÈRE ÉTOILE.

Quel astre sans pudeur, quel soleil libertin,
Engendra ce produit, d'un rayon clandestin ?
Hercule, Antinoüs, vos deux voisins célestes,
Ont eu de tous les temps des manières fort lestes ;
Je les soupçonnerais volontiers.

VÉNUS.

Oh ! Non pas,
Pour trouver mon amour, il faut chercher plus bas !

PREMIÈRE ÉTOILE.

L'homme, dans ses bonheurs comme dans ses désastres,
Est conduit par des fils qui l'attachent aux astres ;
Il épèle son sort dans ce grand livre bleu
Où nous traçons des mots en syllabes de feu ;
Vous savez cela.

VÉNUS.

Moi, j'étais l'heureuse étoile
D'un jeune homme charmant, et, jamais sur la toile
Ou dans le marbre, Appelle ou Phidias n'ont fait
Un rêve de beauté plus pur et plus parfait.
Le jour à peine éteint, je partais. Ma lumière
Sur la terre endormie arrivait la première.
J'avais des précédents ; Phœbé jadis a mis
Des baisers argentés sur des yeux endormis !
Cet exemple divin me rendit moins peureuse,
Et de mon protégé je devins amoureuse

Comme autrefois Phœbé le fut d'Endymion.
Sur son front, mon baiser tremblant dans un rayon,
Tombait au fond des bois par les trous des guipures
Que les feuillages font avec leurs découpures;
Dans sa mansarde aussi, nid de fleurs sur les toits,
A travers les parfums je me glissais parfois.
Ces soirs-là, la moitié de la route était faite,
Car je venais du ciel et c'était un poëte!
Le coude à la fenêtre, il rêvait, il pensait;
Je lisais dans son cœur le vers qu'il commençait!
Charmée, à chaque idée ou touchante ou sublime,
D'un reflet caressant j'illuminais la rime.
Dans ses chants il parlait d'un idéal amour,
D'une vision d'or, qu'obscurcissait le jour,
Et que, toutes les nuits, il sentait sur son âme
Passer comme un esprit de lumière et de flamme!
Il m'avait devinée, ô bonheur sans pareil!
Et moi, sans voir le jour luire au vitrail vermeil,
Sans entendre là-haut gazouiller l'alouette,
Je restai sur la terre aux bras de mon poëte.
Puisque j'avais l'amour que m'importait le ciel!
Se défiant de moi, la Reine fit l'appel;
Un météore avait, rasant de près la terre,
De ma faute surpris et trahi le mystère.
La Reine me punit, oh! bien cruellement.
Consumé de regrets et d'ennuis, mon amant
Se meurt persuadé de n'avoir fait qu'un rêve,
Et lorsque, je reviens, avant qu'il ne s'achève,
Pour reprendre mon rang dans le céleste chœur,
Il tombe, hélas, frappé d'une étincelle au cœur!

. . . . . . . . . . . . . . .
. . . . . . . . . . . . . . .

# L'ORESTIE

### TRAGÉDIE ANTIQUE

#### FRAGMENT

LYNCÉE (LE VEILLEUR), sur la tour.

Voici dix ans bientôt que du haut de ma tour
De la flotte des Grecs je guette le retour
Attendant, sans espoir, qu'à l'horizon flamboie
Le signal convenu pour la prise de Troie.
Hélas! j'ai beau plonger mes regards dans l'azur,
Rien ne s'allume au fond de ce lointain obscur.
Nulle rougeur de feux, nulle blancheur de voiles!
— C'est ainsi que je vis, seul avec les étoiles,
Veillant, quand le sommeil a fermé tous les yeux,
Excepté les yeux d'or qui s'éveillent aux cieux!
Trempé par la rosée et sans toit qui l'abrite,
D'aucun songe mon lit ne reçoit la visite,
Et si parfois dans l'ombre, aux noirs échos des nuits,
Je jette une chanson pour charmer mes ennuis,
En pensant aux malheurs de la maison d'Atride
Je sens dans mon gosier mourir ma voix timide!
De ce rude labeur délivrez-moi, grands Dieux,

Et laissez le sommeil s'abattre sur mes yeux!
Ah! quel rude métier! Quelle pénible tâche!
CLYTEMNESTRE, au pied de la tour.
Qui parle donc là-haut? — Pauvre chien à l'attache,
C'est toi? — Tu peux quitter ton gîte aérien,
Descends. A l'horizon il ne paraîtra rien,
Car souillée au départ du sang d'Iphigénie,
La flotte par les dieux ne peut être bénie;
Les Grecs sont morts, ou bien égarés sur les mers;
De leurs débris errants, ils sèment l'univers!
ÉLECTRE.
Ah! par pitié pour moi, ne descends pas, Lyncée!
Le feu peut luire encor, l'heure n'est point passée!

. . . . . . . . . . . . . . . . . . . . .
. . . . . . . . . . . . . . . . . . . . .

# LA PERLE DU RIALTO [1]

PREMIER ACTE

**PERSONNAGES**

GEORGES D'ELCY. | FANNY.
ARCHIBALD SINCLAIR. | LAURE.

A Paris chez Georges d'Elcy. Le théâtre représente un salon.

## SCÈNE PREMIÈRE

GEORGES, ARCHIBALD SINCLAIR, FANNY, LAURE

(Les deux femmes sont masquées.)

UNE VOIX, à la cantonnade.

On n'entre pas !

FANNY.

Si fait, l'on entre, nigaud ; place
Pour Laura, pour Fanny, rats de première classe,
Marquises de Bréda, Duchesses du Helder,
Et pour leur sigisbé, sir Archibald Sinclair.

[1] Ce fragment est la première version de l'*Amour souffle où il veut* (voir le volume du *Théâtre*).

LAURA, à Georges.

As-tu peur que tout vif Mardi-gras ne t'emporte,
Que tu couches ton groom au travers de ta porte?

SINCLAIR.

Georges, veux-tu venir au bal de l'Opéra?

LAURA.

Jusques au déjeuner le souper durera.

SINCLAIR.

Elle a, je t'en préviens, quand le matin arrive,
Le rhum sentimental et la truffe expansive.

GEORGES.

Je préfère rester.

FANNY.

Fi, le jeune Caton !

GEORGES.

Je me sens mal en train.

FANNY.

Mets un nez de carton,
Il n'est rien de meilleur pour la mélancolie.

SINCLAIR.

Viens, nous rirons.

LAURA.

Je suis notoirement jolie,
Et tu ne risques pas de voir au démasqué
Un front, d'un millésime impossible marqué.

GEORGES.

Je le sais.

FANNY.

Quand on lance au plafond une assiette
L'assiette du plafond redescend castagnette;
J'y jetterai la mienne et je te servirai
Au dessert, sur la nappe, un *Jaleo*.... cambré!

GEORGES.

Merci du *Jaleo*.

LAURA.
Quelle vertu tigresse!
SINCLAIR.
Mais tu fais le huitième aux sept sages de Grèce!
FANNY.
Poussière, souviens-toi qu'on est en carnaval,
Et que du bal sorti, l'homme retourne au bal!
SINCLAIR.
Folle!
FANNY.
Rentrer la nuit, se coucher quand on danse,
Ah! quelle barbarie et quelle décadence!
LAURA.
Georges, tu baisses.
GEORGES.
Non, je remonte.
FANNY.
Je crains
Mon lion, qu'on ne t'ait coupé griffes et crins,
Et que, piteusement, tu n'aimes en cachette
Une pensionnaire ou bien une grisette!
Où donc est-il passé ce charmant compagnon
Qui jamais au plaisir n'avait répondu : non,
Et les soirs de début dirigeant la cabale
Se prélassait si fier dans la loge infernale;
Cet élégant pilier du café Tortoni,
Ce *gentlemen rider* de la Croix de Berny,
Qu'Edward et Robinson, que tant d'audace effraie,
N'ont jamais distancé dans la course de haie;
Ce moderne Don Juan que nul n'égalera,
Méduse des maris, amour de l'Opéra,
Qui jetait pour mouchoir des cornets de dragées
Aux vertus du ballet en espalier rangées!....
Regarde ton habit à la mode d'hier,

Toi le Brummel français dont Chevreul était fier,
Et ce gilet gothique, image de ton âme,
Qui te signe bourgeois et prêt à prendre femme !
Ta cravate mal mise a des plis pleins d'aveux,
Et l'on t'accuse au club, de bagues en cheveux.
C'en est fait ! Lovelace est séduit par Clarisse !
Adieu la folle vie et le libre caprice,
Adieu sport, lansquenet, cigares, fins soupers,
Chiens, chevaux, vie à deux dans les petits coupés,
Avant-scènes, gants blancs, bouquets, duels, intrigues !
Tu vas manger le veau qu'on garde aux fils prodigues ;
Entre nous tout lien désormais est brisé,
Prends du ventre, sois chauve et..... minotaurisé !

SINCLAIR.

Quel speech pour une mime et quelle langue ingambe !
Tu tournes une phrase, ainsi qu'un rond de jambe !

FANNY, à Laura.

Viens, laissons mariner sa vertu dans l'ennui ;
Suivez-nous, Archibald.

SINCLAIR.

Non, je reste avec lui,
Je vous retrouverai plus tard sous la pendule.

LAURA.

Mais ne vas pas tromper mon appétit crédule.

SINCLAIR.

Sois sans crainte et commande au café de Paris
Un homard en salade avec quatre perdrix.

(Elles sortent.)

## SCÈNE II
### GEORGES, SINCLAIR

SINCLAIR.

Sans contradiction, j'ai sur ces lèvres folles
Laissé jaillir ce flot d'indiscrètes paroles ;

Souvent, sans le savoir, dans leur loquacité,
Les enfants et les fous disent la vérité.
Te croirais-je, comme elle, un Werther de boutique
Jaloux d'une Charlotte allumant la pratique?

GEORGES.

Que veux-tu dire?

SINCLAIR.

Rien; sinon que Gavarni
Dans sa collection eût pu mettre Fanny;
Les traits lancés en l'air parfois touchent la cible,
Et la femme à tout âge est un enfant terrible,
Au milieu du salon coiffant l'époux fâché
Du chapeau de l'Arthur dans l'armoire caché.

GEORGES.

Tu me crois donc aussi jouant près d'une sotte
A Saint-Preux et Julie, à Werther et Lolotte!

SINCLAIR.

Non pas. — Mais tu n'es plus le Georges d'autrefois.

GEORGES.

Ne se pas ressembler est le premier des droits.
L'on quitte son humeur comme l'habit qu'on porte;
Georges m'ennuyait fort, je l'ai mis à la porte.

SINCLAIR.

Ce cher Georges, si bon, si gai, si prêt à tout!
S'il ne te plaisait pas, il était de mon goût;
J'aimais ses qualités, j'aimais jusqu'à ses vices,
Belles fleurs de jeunesse, étincelants caprices!
Tu le regretteras cet aimable vaurien,
Qui jouait si gros jeu, qui se battait si bien,
Et laissait emporter aux brises de Bohême
Sa vie et ses amours, cet amusant poëme!

GEORGES

De ce fat tapageur je me suis délivré.

SINCLAIR.
Ce Georges-là sera certainement pleuré
Dans le monde viveur par plus d'un et plus d'une.
GEORGES.
La perte n'est pas grande.
SINCLAIR.
Est-elle blonde ou brune
Ta belle puritaine?
GEORGES.
Il paraît que tu tiens
A cette idée absurde.
SINCLAIR.
Oui. — Dans les temps anciens,
Vivait une Circé qui transformait les hommes;
Son art existe encore à l'époque où nous sommes.
GEORGES.
Me ranges-tu parmi les animaux grognons
Qui d'Ulysse jadis furent les compagnons?
SINCLAIR.
Circé changeait les corps, mais pour changer une âme
A défaut de sorcière il suffit d'une femme!
GEORGES.
J'ai vingt-sept ans bientôt, âge patriarcal;
Les airs évaporés maintenant m'iraient mal.
Tu vois sous le dandy l'homme d'État qui perce,
Et je vais demander l'ambassade de Perse.
SINCLAIR.
Comme dans le *Barbier* qui trompe-t-on ici?
L'ambassade de Perse est ton moindre souci;
Allons, Georges, sois franc, et pas de fausse honte,
Une douleur s'allège alors qu'on la raconte;
Ma curiosité n'est que de l'intérêt;
Je veux savoir ta peine et non pas ton secret,
Comme le médecin qui presse son malade.

GEORGES.
Mais c'est toute une histoire.
SINCLAIR.
Use de ton Pylade
En Oreste, et sois long; je connais mes devoirs.
GEORGES.
On s'inquiète fort de la traite des noirs,
Mais l'on s'occupe peu de la traite des blanches,
Et ce commerce en France a ses allures franches.
Comme à Constantinople, il existe à Paris
Des bazars à fournir un sérail de houris.
SINCLAIR.
Oui; l'on peut acheter une esclave sans faire
Son emplette aux marchés de Stamboul ou du Caire.
GEORGES.
C'est ce que s'était dit Lord Maddock.
SINCLAIR.
Hé qui? Lui?
Ce débauché que ronge un monstrueux ennui,
Ce faune au pied fourchu, duc et pair d'Angleterre?
Quel lien entre vous, et « *quel est ce mystère* »?
GEORGES.
Dans Goya, le graveur aux caprices hardis,
On voit se détacher sur un fond de taudis
Près d'une atroce vieille à l'œil d'oiseau de proie,
Une fraîche beauté, tirant son bas de soie,
Avec ces mots écrits : « Toilette de sabbat. »
Pour plus d'un pauvre enfant dont la pudeur combat,
Par une mère au mois, sorcière en tartan rouge,
Cette toilette-là se fait au fond d'un bouge.
A l'Opéra, chaque ange est flanqué d'un démon
Qui lui souffle à l'oreille un ignoble sermon,
Et les gnômes hideux, grâce aux diables femelles,
Trouvent, s'ils ont de l'or, les sylphides sans ailes!

SINCLAIR.

Je comprends.

GEORGES.

Lord Maddock au diable marchandait
Un ange, — un petit rat que sa mère vendait! —
Une enfant de treize ans, ton âge, ô Juliette,
Quand la première fois au milieu d'une fête,
Roméo t'apparut chez Capulet! — Comment
Était sorti d'un monstre un être si charmant,
Ce bleu myosotis de cette mandragore,
De ce fumier vivant cette perle, on l'ignore ;
La nature parfois, de la difformité,
Comme par repentir, fait naître la beauté.
Ce qu'on pouvait penser de mieux, c'est que la vieille
Avait dans son berceau volé cette merveille.
En voyant tant d'attraits menacés par ce Lord,
Par ce libertin sombre, heureux de souiller l'or,
Et de mettre une tache à toute belle chose,
Limace qui se traine en bavant sur la rose,
Une pitié me prit pour ton œuvre, ô mon Dieu!
Je venais de gagner beaucoup d'argent au jeu,
Et je voulus sauver, car l'enfance est sacrée,
Sa candeur d'un amour qui rappelle Caprée.
J'enchéris sur Maddock de trente mille francs ;
La vieille émerveillée ouvrit ses yeux tout grands,
Et je pus arriver, grâce à ce chiffre énorme,
Au rocher d'Angélique avant l'Orque difforme.

SINCLAIR.

Tu fis bien, et cet or est mieux placé cent fois
Qu'à des souscriptions pour les petits Chinois.
Racheter une blanche est œuvre méritoire,
Quoique moins à la mode!.... Et la fin de l'histoire?

GEORGES.

Angélique est sauvée et Roger amoureux.

SINCLAIR.

Un amo... de vieillard! diable, c'est dangereux,
Car à trente ans, selon le calcul ordinaire,
Quand on a vécu triple, on est nonagénaire.

GEORGES.

Mon amour, quoique Dieu me l'ait envoyé tard,
N'est pas, je t'en réponds, d'allure de vieillard.
Jamais feux plus ardents n'ont brûlé ma jeunesse,
J'ai l'étourdissement d'une première ivresse,
Je vivrais d'un sourire et je mourrais d'un mot;
J'aime comme un enfant, comme un fou, comme un sot!

SINCLAIR.

Ces sentiments sont-ils connus de la petite?

GEORGES.

Dans un fauteuil auprès du lit de Marguerite
Gœthe nous montre Faust assis et contemplant
En silence la chambre et le petit lit blanc.
Comme Faust arrêté sur un seuil sans défense,
J'ai dans son sommeil pur su respecter l'enfance,
Attendant le réveil de ce cœur endormi
Pour ôter à l'amant le masque de l'ami.
Jusqu'à présent Alice en moi n'a vu qu'un frère.

SINCLAIR.

Tant pis! ce précédent à l'amour est contraire.
J'ai bien peur que tu sois pour ta discrétion
Prématurément pris en vénération,
Et que la belle enfant qui t'eût aimé peut-être,
Dans ton fauteuil de Faust voie un fauteuil d'ancêtre.

GEORGES.

J'espère bien que non.

SINCLAIR.

   Je le désire aussi,
Mais je n'approuve pas ce système transi-

GEORGES.

Au Théâtre-Français, voyant jouer Molière,
Il me vint une idée absurde et singulière,
Quoique l'expérience ait eu peu de succès ;
Je voulus me créer comme Arnolphe une Agnès,
Et faire un nouvel acte à l'*École des femmes*.
Las d'actrices, plus las encor de grandes dames,
Il me plut, en dehors du monde et de sa loi,
D'aimer un être unique et fait pour moi — par moi.

SINCLAIR.

Pour un ancien roué, la fantaisie est rare !
Don Juan continuer Arnolphe !

GEORGES.

     Moins bizarre
Qu'on ne pense ; Don Juan, à travers tout, poursuit
Et demande au hazard l'idéal qui le fuit.
Arnolphe, à la maison, auprès de lui l'élève
Les moyens sont divers, mais c'est le même rêve :
Un type souhaité hors de qui rien n'est bon.
Comme j'avais l'Agnès, j'imitai le barbon.

SINCLAIR.

Est-elle au moins capable, en sa candeur extrême,
De mettre au corbillon cette tarte à la crème
Qui semblait détestable à monsieur le Marquis,
Et qu'Arnolphe charmé trouvait d'un goût exquis ?

GEORGES.

Je ne suis pas encor tout-à-fait un Géronte
Et dégrader un être ainsi m'aurait fait honte ;
Son éducation a reçu tous mes soins ;
Si je l'ai fait pour moi, comme Arnolphe, du moins
Je n'ai pas écrasé, précaution infâme,
Sur le front de Psyché le papillon de l'âme !
J'ai voulu que son cœur fût grand, afin qu'un jour
Avec plus de pensée il y tînt plus d'amour,

Et j'ai remis les clefs de toutes les serrures
A ses petites mains qui n'en sont pas moins pures.
Elle lit dans Shakspear, Raphaël et Mozart,
Je lui fais cultiver le luxe comme un art,
Comme une fleur de plus dont sa grâce est parée,
Et dans cette humble enfant, de la fange tirée,
Dont Lord Maddock offrait un misérable prix,
Pétrarque verrait Laure et Dante Béatrix.
Célimène naïve, Agnès spirituelle,
Elle est intelligente, elle est chaste, elle est belle!

SINCLAIR.

A ce monstre charmant fait de perfections
Je voudrais un défaut comme une ombre aux rayons;
Quand elle est accomplie une femme m'alarme,
Ce n'est pas naturel!

GEORGES.

    O moment plein de charme
Et d'angoisse, où le cœur palpite à se briser,
Quand la création va se réaliser!
Enfin Pygmalion a fait sa Galathée,
Et Pandore muette est devant Prométhée.
L'un a prié Vénus, l'autre a volé le feu,
Et tous deux sont tremblants, le mortel et le Dieu!
Comme eux j'ai modelé le rêve de mon âme,
Et fait une statue où sommeille une femme;
La verrai-je vivante et rouge d'embarras
Quitter son piédestal pour tomber dans mes bras?

SINCLAIR.

Quand d'une femme il a les traits, le marbre même
Est fantasque, et surtout le marbre que l'on aime.
Mais ce bel idéal que l'on ne connait pas
Où donc l'as-tu caché? Bien loin?

GEORGES.

    Non, à deux pas.

Et la maison voisine abrite sa retraite.
De son logis au mien une porte secrète
Communique, que j'ai par un ouvrier sûr,
Comme feu Richelieu, fait pratiquer au mur.
Dans ce nid, arrangé pour que l'amour s'y plaise,
Elle vit seule avec sa gouvernante anglaise;
On croit que ses parents dont seule elle hérita,
Elle étant à Paris, sont morts à Calcutta,
N'ayant pas dans ce long et périlleux voyage
Osé de leur amour risquer l'unique gage;
Puis un tuteur l'a fait sortir de pension
Pour achever ici son éducation.
Seule, elle se connait et sait sa vraie histoire,
Qu'elle-même parfois a de la peine à croire.
Je ne vais pas chez elle, et, le soir, ce salon
Nous réunit une heure après un jour bien long,
Et si, l'heure écoulée, à rentrer elle hésite,
Et, debout sur le seuil, prolonge sa visite,
Ou retourne la tête avec un regard doux,
Je sens mon cœur pâmer et trembler mes genoux!

SINCLAIR.

Pour ton meilleur ami, trois ans de défiance,
Ah! c'est mal!

GEORGES.

   J'attendais que mon expérience
Fut menée à bon port, — amour-propre d'auteur. —
Et puis j'étais honteux de faire le tuteur,
Et je craignais d'avoir aux yeux mauvaise grâce
De copier Arnolphe ayant l'âge d'Horace.
Mais je t'aurais tout dit bientôt, et mon aveu,
Tes instances n'ont fait que l'avancer un peu.
Alice ce soir même a seize ans; son œil brille,
Son front rêve; hier enfant, aujourd'hui jeune fille,
La discrète amitié, chaste sœur de l'amour,

Se retire, et l'amant enfin aura son tour.
A l'instant, pour sortir du doute qui me tue
Je vais porter la flamme au flanc de ma statue!
SINCLAIR.
Adieu; Laura, Fanny, m'attendent au foyer;
Laura doit avoir faim et Fanny s'ennuyer,
Sur la table déjà le homard se prélasse
Et le vin trop frappé se morfond dans la glace;
Je m'en vais. — Bonne chance! au sortir du festin
Je reviendrai tantôt pour savoir ton destin.

# APPENDICE

# APPENDICE[1]

## I

Nous avons trouvé le brouillon de la lettre suivante :
(autographe de Théophile Gautier).

### MONSIEUR LE MINISTRE DE LA GUERRE

Monsieur le ministre,

Le soussigné voulant se fixer comme colon en Algérie, a, d'après les meilleurs renseignements sur les terres actuellement disponibles de la province de Constantine, qu'il a ultérieurement visitée, choisi des terrains qui se trouvent dans le périmètre civil de Philippeville, vallée de Zerhmana : il vient donc vous demander une concession de quatre-vingt-dix-neuf hectares dans la localité ci-dessus désignée.

Et au dos de cette lettre se trouvaient, sans aucune indication de titre, les vers suivants, qui révèlent la

[1] Nous avons réuni à cette place les divers morceaux qu'il nous a paru impossible de publier sans aucune explication.

date vers laquelle cette curieuse lettre aurait été écrite (1846 très-probablement).

Sur la montagne de la vie,
Au plateau de trente-cinq ans,
Soufflent mes coursiers, haletants,
De la chimère poursuivie.
Je reste là quelques instants
Brisé, mais l'âme inassouvie,
Promenant mon regard glacé
Sur l'avenir et le passé.

II

## AUX MANES DE L'EMPEREUR [1]

15 DÉCEMBRE 1840

Quand sous l'arc triomphal où s'inscrivent nos gloires
Passait le sombre char couronné de victoires
    Aux longues ailes d'or,
Et qu'enfin Sainte-Hélène, après tant de souffrance,
Délivrait la grande ombre et rendait à la France
    Son funèbre trésor.

Un rêveur, un captif derrière ses murailles,
Triste de ne pouvoir, aux saintes funérailles
    Assister, l'œil en pleurs,
Dans l'étroite prison sans échos et muette,
Mêlant sa note émue à l'ode du poëte,
    Épanchait ses douleurs. —

---

[1] Ce morceau n'est rien autre chose que la traduction *littérale*, en vers, d'un morceau de prose. Nous avons placé chaque strophe en face de chaque paragraphe, pensant que le public verrait avec intérêt comment le poëte a fait entrer, dans chacune de ses strophes, chaque phrase et pour ainsi dire chaque mot du prosateur.

« Citadelle de Ham, 15 décembre 1840.

« Sire, vous revenez dans votre capitale, et le peuple en foule salue votre retour; mais moi, du fond de mon cachot, je ne puis apercevoir qu'un rayon du soleil qui éclaire vos funérailles.

« N'en veuillez pas à votre famille de ce qu'elle n'est pas là pour vous recevoir,

« Votre exil et vos malheurs ont cessé avec votre vie; mais les nôtres durent toujours! Vous êtes mort sur un rocher, loin de la patrie et des vôtres, la main d'un fils n'a point fermé vos yeux. Aujourd'hui encore, aucun parent ne conduira votre deuil.

« Montholon, lui que vous aimiez le plus parmi vos dévoués compagnons, vous a rendu les soins d'un fils; il est resté fidèle à votre pensée, à vos dernières volontés; il m'a rapporté vos dernières paroles; il est en prison avec moi!

« Un vaisseau français conduit par un noble jeune homme est allé réclamer vos cendres; mais c'est en vain que vous cherchiez sur le pont quelques-uns des vôtres; votre famille n'y était pas.

« Sire, vous revenez dans votre capitale,
Et moi qu'en un cachot tient une loi fatale
  Exilé de Paris,
J'apercevrai de loin, comme sur une cime,
Le soleil descendant sur le cercueil sublime,
  Dans la foule aux longs cris.

Oh ! non ! n'en veuillez pas, Sire, à votre famille,
De n'avoir pas formé, sous le rayon qui brille,
  Un groupe filial
Pour recevoir au seuil de son apothéose,
Comme Hercule ayant fait sa tâche grandiose,
  L'ancêtre impérial !

Vos malheurs sont finis ; toujours durent les nôtres.
Vous êtes mort là-bas, enchaîné loin des vôtres,
  Titan sur un écueil,
Pas de fils pour fermer vos yeux que l'ombre inonde,
Même ici, nul parent, — oh ! misère profonde ! —
  Conduisant votre deuil !

Montholon, le plus cher comme le plus fidèle
Jusqu'au bout, du vautour subissant le coup d'aile,
  Vous a gardé sa foi.
Près du dieu foudroyé, qu'un vaste ennui dévore,
Il se tenait debout, et même il est encore
  En prison avec moi.

Un navire, conduit par un noble jeune homme,
Sous l'arbre où vous dormiez, Sire, votre long somme
  Captif dans le trépas,
Est allé vous chercher avec une escadrille ;
Mais, votre œil sur le pont cherchait votre famille,
  Qui ne s'y trouvait pas.

« En abordant le sol français, un choc électrique s'est fait sentir ; vous vous êtes soulevé dans votre cercueil ; vos yeux, un moment, se sont rouverts : le drapeau tricolore flottait sur le rivage, mais votre aigle n'y était pas.

« Le peuple se presse comme autrefois sur votre passage, il vous salue de ses acclamations comme si vous étiez vivant ; mais les grands du jour, tout en vous rendant hommage, disent tout bas :
« Dieu ! ne l'éveillez pas !

« Vous avez enfin revu ces Français que vous aimiez tant ; vous êtes revenu dans cette France que vous avez rendue si grande ; mais l'étranger y a laissé des traces que toutes les pompes de votre retour n'effaceront pas !

« Voyez cette jeune armée : ce sont les fils de vos braves ; ils vous vénèrent, car vous êtes la gloire ; mais on leur dit : croisez vos bras ! »

« Sire, le peuple, c'est la bonne étoffe qui couvre notre beau pays ; mais ces hommes que vous avez faits si grands et qui étaient si petits, ah ! sire, ne les regrettez pas.

Quand la nef aborda, France, ton sol antique,
Votre âme réveillée, à ce choc électrique,
    Au bruit des voix, des pas,
De sa prunelle morte entrevit dans l'aurore
Palpiter vaguement un drapeau tricolore,
    Où l'aigle n'était pas.

Comme autrefois le peuple autour de vous s'empresse;
Cris d'amour furieux, délirante tendresse,
    A genoux, chapeau bas!
Dans l'acclamation, les prudents et les sages
Disent au demi-dieu, faisant sa part d'hommages :
    « Dieu! ne l'éveillez pas! »

Vous les avez revus — peuple élu de votre âme —
Ces Français tant aimés que votre nom enflamme,
    Héros des grands combats;
Mais sur son sol sacré, patrie autrefois crainte,
Du pas de l'étranger on distingue une empreinte
    Qui ne s'efface pas!

Voyez la jeune armée, où les fils de nos braves,
Avides d'action, impatients d'entraves,
    Voudraient presser le pas;
Votre nom les émeut, car vous êtes la gloire!
Mais on leur dit : « Laissez reposer la victoire,
    Assez! croisez les bras! »

Sur le pays, le peuple, étoffe à trame forte,
S'étend, Sire; le chaud, le froid, il les supporte
    Mieux que les meilleurs draps;
Mais ces grands si petits, chamarrés de dorures,
Qui cachaient leur néant sous de riches parures,
    Ne les regrettez pas.

« Ils ont renié votre évangile, vos idées, votre gloire, votre sang; quand je leur ai parlé de votre cause, ils nous ont dit : Nous ne la comprenons pas!

« Laissez-les dire, laissez-les faire; qu'importent, au char qui monte, les grains de sable qui se jettent sous les roues? ils ont beau dire que vous êtes un météore qui ne laisse pas de traces! Ils ont beau nier votre gloire civile; ils ne vous déshériteront pas!

« Sire, le 15 décembre est un grand jour pour la France et pour moi. Du milieu de votre somptueux cortége, dédaignant certains hommages, vous avez un instant jeté vos regards sur ma sombre demeure, et, vous souvenant des caresses que vous prodiguiez à mon enfance, vous m'avez dit : *Tu souffres pour moi, ami, je suis content de toi.*

« Louis-Napoléon. »

Comme ils ont renié, troupe au parjure agile,
Votre nom, votre sang, vos lois, votre évangile,
  Pour vous suivre trop las !
Et quand j'ai devant eux plaidé pour votre cause,
Comme ils ont dit, outrant le dédain de leur pose :
  Nous ne comprenons pas !

Laissez-les dire et faire, et sur eux soit la honte.
Qu'importent pierre ou sable au char qui toujours monte
  Et les broie en éclats !
En vain vous nomment-ils fugitif météore.
Votre gloire est à nous, elle rayonne encore ;
  Ils ne la prendront pas.

Sire, c'est un grand jour que le quinze décembre !
Votre voix, est-ce un rêve ? a parlé dans ma chambre :
  « Toi, qui souffres pour moi
Ami, de la prison le lent et dur martyre,
Je quitte mon triomphe et je viens pour te dire :
  Je suis content de toi ! »

Avril 1869.

## II

## QUATRAINS

### 1

Improvisé sur un portrait
DE M<sup>lle</sup> SIONA-LÉVY

Enfant, doublement applaudie,
Tu chantes et tu fais des vers ;
Et ton masque de tragédie
Est couronné de lauriers verts.

1851.

### 2

Improvisé sur un portrait
DE M<sup>me</sup> MADELEINE BROHAN

Type charmant et pur dont le ciel est avare,
Et que d'un fin crayon l'artiste copia,
Scribe salue en vous sa reine de Navarre,
Musset sa Marianne, et Belloy sa Pia.

1857.

## 3

Improvisé et placé en tête d'un exemplaire
de : *Émaux et Camées.*

A CLAUDIUS POPELIN, MAÎTRE ÉMAILLEUR

Ce livre où j'ai mis des *Camées*
Sculptés dans l'agathe des mots,
Pour voir ses pages acclamées
Eût eu besoin de tes *Émaux !*

Août 1863.

## 4

Improvisé
SUR UNE ROBE ROSE A POIS NOIRS

Dans le ciel l'étoile dorée
Ne luit que par l'ombre du soir ;
Ta robe, de rose éclairée,
Change l'étoile en astre noir !

## 5

AU VICOMTE DE S. L.[1]

Moderne est le palais, mais le blason ancien
Peint par Van Eyck au coin des portraits de famille
Rangés en ex-voto sur le vieil or qui brille,
Le jeune hôte du lieu le revendique sien.

Octobre 1872.

[1] Ces quatre vers sont les derniers qu'ait écrits Théophile Gautier. Ils devaient être le premier quatrain d'un sonnet que le poëte n'a pas eu la force d'achever.

IV

## AVE MARIA

CHANT[1]

*Ave Maria!* Reine des cieux!
Vers toi s'élève ma prière :
Je dois trouver grâce à tes yeux,
C'est en toi, Vierge sainte, en toi que j'espère!
Mon fils consolait ma misère :
Il souffre hélas! il est mourant!
Comprends mes pleurs, toi qui fus mère;
Rends-moi, rends-moi mon pauvre enfant!

*Ave Maria*, mon fils est beau
Et de lui je suis déjà fière;
Bénis son modeste berceau.
C'est mon bien, mon unique bien sur la terre!

---

Autant que nos souvenirs sont fidèles, nous nous rappelons que Théophile Gautier en nous remettant l'autographe de cette pièce, nous aurait dit qu'elle était une traduction destinée à être adaptée à l'*Ave Maria* de Schubert. Le rhythme et les rimes en auraient été déterminés par la forme de la pièce originale et par les nécessités de la musique.

Si Dieu me frappe en sa colère
Protège du moins l'innocent!
Exauce-moi, c'est une mère
Qui veut mourir pour son enfant!

*Ave Maria!* mais : ô bonheur!
L'enfant renait à sa prière
Ainsi qu'une brillante fleur!
Doux bienfait! — Touchante bonté. — Saint mystère!
« Regarde-moi pour que j'espère;
Mon fils! ton front est souriant! »
Merci, merci, divine mère,
C'est toi qui sauves mon enfant!

V

Une personne, qui signe : « *Un étudiant de Grenoble* », a adressé au journal *Le Gaulois* une pièce qu'elle affirme avoir copiée, sur un album, à Genève. Nous avons, vainement jusqu'à présent, fait chercher à Genève l'autographe de cette pièce. Nous ne l'imprimons donc que sous toutes réserves.

Je sais un nid charmant et tendre
Où niche l'oiseau bleu du cœur,
L'oiseau dont nul ne peut entendre
Sans tressaillir, l'accent vainqueur ;

Nid plein de grâces sans pareilles,
Qui, sous un rayon de gaieté,
Scintillent comme des abeilles
Dans l'or des aurores d'été.

Formé de fleurs fraîches écloses,
Œuvre admirable de l'amour,
Des perles, des feuilles de roses,
Dessinent son riant contour.

Écrins délicieux que dore
La jeunesse en traits éclatants;
D'où s'échappe, ailée et sonore,
La vive-chanson du printemps;

D'où sort une divine haleine,
Comme d'un calice vermeil
Qui livre aux souffles de la plaine
Son sein tout baigné de soleil.

Nid séducteur où rit l'ivresse,
Cachant ses secrètes ardeurs,
Comme une coupe enchanteresse
Dont les bords sont voilés de fleurs.

Plus mignon qu'un nid d'oiseau-mouche,
Plus frais qu'un cœur de rose-thé, —
Ce nid ravissant... c'est ta bouche,
Doux paradis de volupté,

Où les désirs, ramiers fidèles,
Volent toujours inapaisés,
Et vont provoquer à coups d'ailes
L'essaim palpitant des baisers!

*Signé :* THÉOPHILE GAUTIER.

# TABLE

## LA COMÉDIE DE LA MORT, 1838

| | |
|---|---|
| Portail. | 3 |
| La Vie dans la Mort. | 9 |
| La Mort dans la Vie. | 23 |

## POÉSIES DIVERSES, 1838-1845

| | |
|---|---|
| Sur un album. | 53 |
| A la princesse Bathilde. | 55 |
| Oui, Forster, j'admirais. | 57 |
| Prière. | 58 |
| A une jeune Italienne. | 59 |
| A trois Paysagistes (*Salon de* 1839). | 60 |
| Fatuité. | 65 |
| Les Matelots. | 66 |
| La Fuite. | 68 |
| Gazhel. | 70 |
| Dans un baiser, l'onde. | 72 |
| Sultan Mahmoud. | 74 |
| Le Puits mystérieux. | 76 |

| | |
|---|---|
| L'Esclave............................................. | 77 |
| Les Taches jaunes................................ | 78 |
| L'Ondine et le Pêcheur. (Fant. IX)............. | 80 |
| J'ai tout donné pour rien. (Fant. XVII)........ | 82 |
| A des amis qui partaient......................... | 85 |
| Ambition. (Fant. XVI)............................. | 86 |

## ESPAÑA, 1845

| | |
|---|---|
| Départ.............................................. | 89 |
| Le Pin des landes................................ | 94 |
| L'Horloge........................................... | 95 |
| A la Bidassoa..................................... | 97 |
| Sainte Casilda.................................... | 98 |
| En allant à la Chartreuse de Miraflores..... | 99 |
| La Fontaine du cimetière....................... | 100 |
| Le Cid et le Juif................................... | 102 |
| En passant à Vergara........................... | 105 |
| Les yeux bleus de la montagne............... | 108 |
| La petite fleur rose.............................. | 109 |
| A Madrid........................................... | 111 |
| Séguedille......................................... | 113 |
| Sur le Prométhée du musée de Madrid..... | 114 |
| Ribeira............................................. | 115 |
| L'Escurial.......................................... | 118 |
| Le Roi solitaire................................... | 119 |
| La Vierge de Tolède............................. | 121 |
| In deserto......................................... | 123 |
| Stances............................................ | 125 |
| En passant près d'un cimetière............... | 126 |
| Les trois Grâces de Grenade.................. | 128 |
| J'étais monté plus haut........................ | 131 |
| Consolation....................................... | 132 |
| Dans la Sierra.................................... | 133 |
| Le Poëte et la Foule............................ | 134 |
| Le Chasseur...................................... | 135 |
| L'Échelle d'amour................................ | 137 |
| J'ai dans mon cœur............................. | 138 |
| Le Laurier du généraliffe....................... | 139 |
| La Lune et le Soleil.............................. | 140 |

| | |
|---|---|
| Letrilla. | 142 |
| J'allais partir. | 143 |
| J'ai laissé dans mon sein de neige. | 144 |
| Le Soupir du Maure. | 145 |
| Deux tableaux de Valdès Leal. | 147 |
| A Zurbaran. | 152 |
| Perspective. | 155 |
| Au bord de la Mer. | 156 |
| Saint Christophe d'Écija. | 157 |
| Pendant la tempête. | 159 |
| Les affres de la Mort. | 160 |
| Adieux à la Poésie. | 163 |

## POÉSIES NOUVELLES
### POÉSIES INÉDITES ET POÉSIES POSTHUMES
### 1831-1872

| | |
|---|---|
| A Jean Du Seigneur. | 167 |
| Épigraphe (placée en tête de *Sous la table*). | 174 |
| Épigraphe (placée en tête de *Daniel Jovard*). | 176 |
| Wladislas III. | 177 |
| Perplexité. | 181 |
| A propos du *Chant du Cygne*. | 185 |
| La Tulipe. | 186 |
| Le 28 juillet 1840. | 187 |
| La Peri. | 195 |
| Le Lion de l'Atlas. | 196 |
| Le Bédouin et la Mer. | 198 |
| Ébauche de *Pierrot Posthume*. | 200 |
| Le Glas intérieur. | 203 |
| La Neige. | 205 |
| Sonnet. | 208 |
| Modes et chiffons. | 209 |
| Les Lions de l'Arsenal, à Venise. | 210 |
| Fragments de *Maître Wolfram*. | 211 |
| Nativité. | 213 |
| Les Joyeusetés du Trépas. | 217 |
| Chanson à boire. | 219 |

Les Rôdeurs de nuit.................... 220
Le Profil perdu........................ 221
A Ernest Hébert........................ 222
Fragments de *l'Épicurien*............. 224
A Marguerite (sonnet I)................ 238
A Marguerite (sonnet II)............... 239
L'Impassible........................... 240
A L. Sextius........................... 241
A l'Impératrice........................ 242
A Claudius Popelin (sonnet I).......... 247
A Ingres............................... 248
Le Rose................................ 249
L'Hirondelle........................... 250
L'Odalisque à Paris.................... 251
A Ch. Garnier.......................... 252
La Fumée............................... 255
Promenade hors des murs................ 256

UN DOUZAIN DE SONNETS.

    Sonnet-dédicace.................... 257
  I. Mille chemins, un seul but...... 258
  II. Ne touchez pas aux marbres..... 259
  III. Baiser rose, Baiser bleu...... 260
  IV. La vraie Esthétique............ 261
  V. Bonbons et Pommes vertes........ 262
  VI. Le Pied d'Atalante............. 263
  VII. L'Étrenne du Poëte............ 264
  VIII. Les Déesses posent........... 265
  IX. D'après Vanutelli.............. 266
  X. L'Égratignure................... 267
  XI. La Mélodie et l'accompagnement. 268
  XII. La Robe pailletée............. 269

L'Esclave noir......................... 270
A Claudius Popelin (sonnet II)......... 271
Sonnet................................. 272
Le Sonnet.............................. 273
Sonnet................................. 274
Le Vingt-sept mai...................... 275
Sonnet................................. 276
Après la bataille...................... 277
A Maxime du Camp....................... 278

| | |
|---|---|
| Allitérations. | 279 |
| A une jeune Amie | 281 |
| Sonnet | 282 |
| Jettatura | 283 |
| Au bois de Boulogne | 287 |
| Le Ruisseau | 289 |
| Chez les Étoiles | 291 |
| L'Orestie | 297 |
| La Perle du Rialto | 299 |
| Appendice | 315 |

www.ingramcontent.com/pod-product-compliance
Lightning Source LLC
Chambersburg PA
CBHW060640170426
43199CB00012B/1615